AF305739

ÉLOGE

HISTORIQUE ET MORAL

DE

SAINTE GENEVIEVE,

PATRONE

DE LA CAPITALE DE LA FRANCE,

Tiré de la Prophétie d'Isaïe,

Dédié

AUX HABITANS DE PARIS;

Par M. l'Abbé JOUBERT, Prédicateur du Roi, Chanoine Honoraire d'Avignon, de l'Académie des Arcades de Rome, &c.

A PARIS,

Chez la Veuve HERISSANT, Imprimeur-Libraire,
rue Neuve Notre-Dame.

M. DCC. LXXXIII.

AUX HABITANS
DE PARIS.

IL ſeroit ſuperflu de recommander aux Pariſiens, également inſtruits & pieux, d'honorer la mémoire, & de ſolemniſer, avec la plus grande pompe, la Fête d'une Sainte qu'ils ſe ſont accoutumés, dès le berceau, à regarder comme la Patrone de la France, & la protectrice particuliere de leur Ville capitale.

L'illuſtre Genevieve eſt en droit de leur dire ce que le grand Apôtre écrivoit aux premiers Fidéles de

Corinthe : ,, Commencerons-nous
,, de nouveau à nous relever nous-
,, mêmes ? & avons-nous befoin,
,, comme quelques-uns, que d'autres
,, nous donnent des Lettres de recom-
,, mandation auprès de vous, ou
,, que vous nous en donniez auprès
,, des autres ? Non fans doute ;
,, nous n'en avons pas befoin :
,, vous êtes vous-même notre Lettre
,, de recommandation, qui eft écrite
,, dans notre cœur, qui eft recon-
,, nue & lue de tous les hom-
,, mes (a) ,,.

Et que pourroit-on leur dire en
effet de cette grande Sainte, qu'ils
ne fachent, qu'ils n'aient lu & mille
fois entendu, & qu'ils ne trouvent
gravé fur une infinité de monumens
également refpectables & authen-
tiques ? Et quand même la longue

(a) Deuxieme Epître aux Corinthiens, c. 3,
y. 1, 2.

durée des tems auroit effacé ce que l'Histoire, les Temples & les monumens les plus incontestables nous ont conservé, des maux infinis dont elle a ou préservé, ou délivré nos peres, & des biens sans nombre dont elle les a comblés ; se passe-t-il un seul jour qui ne soit marqué par quelque effet de la protection puissante dont elle honore les enfans comme les peres ?

Il ne tient donc qu'à nous qu'elle puisse ajouter, en nous parlant, ce que Saint Paul disoit & répétoit avec tant de complaisance aux Fidéles de Corinthe : *Votre conversion à la Foi, & votre fidélité à suivre les regles & les maximes de l'Evangile,* » *font voir à tout le* » *monde que vous êtes la lettre de* » *Jesus-Christ, écrite par notre* » *ministere, non avec de l'encre,* » *mais avec l'Esprit du Dieu vi-* » *vant ; non sur des tables de pier-*

» res, mais dans vos cœurs, comme
» sur des tables de chair (a) «.

Il ne faut pas douter que tous les Habitans de cette vaste Capitale, ne soient cette lettre vivante que Genevieve, dans le sein de la Divinité & sur le trône de sa gloire, porte gravée dans son cœur ; les biens immenses qu'ils reçoivent chaque jour par son entremise, soit dans l'ordre de la nature, soit dans l'ordre de la grace, en font foi, & l'attestent à toute la France & au monde entier.

Ils doivent donc mûrement examiner devant Dieu, si toute leur conduite répond au zèle, aux travaux, aux rares exemples que l'illustre Genevieve leur a laissés, & aux prodiges sans nombre qu'elle a obtenus de Dieu, & qu'elle ob-

____

(a) Deuxieme Epître aux Corinthiens, c. 3, ⅴ. 3.

tient encore tous les jours en leur faveur. S'ils peuvent prouver, par leurs actions, qu'ils font véritablement une lettre vivante que Jesus-Chrift a écrite, en gravant fur eux, par le miniftere de leur fainte Patrone, fa doctrine & fa vie; fi le Chriftianifme, annoncé à leurs peres, & fondé dans leurs Villes par la miffion de Saint Denis, & foutenu, quelque tems après, par la vie édifiante & par les miracles de Sainte Genevieve, eft affez en honneur parmi eux, pour faire connoître à tout l'univers qu'ils ont confervé foigneufement, & le fuccès de l'apoftolat de l'un, & le fruit des bons exemples de l'autre; on laiffe à leur piété le foin de faire, fous les yeux de Dieu, un examen fi important, perfuadé qu'il fuffira feul pour les conduire à une foi pure, fimple & entiere; à les animer d'un faint

zèle pour la conservation du dépôt
sacré de la saine Doctrine, à leur
inspirer une confiance vraiment
filiale envers une Sainte qu'ils ont
droit de réclamer comme leur Mere,
& sur-tout à leur faire imiter ses
rares vertus (a).

(a) Epître aux Hébreux, c. 13, ℣. 7. Premiere Epître aux Thessaloniciens, c. 1, ℣. 6.

ABRÉGÉ

ABRÉGÉ

HISTORIQUE

DE LA VIE ET DU CULTE

DE

SAINTE GENEVIEVE.

SAINTE Genevieve vint au monde vers l'an 422, à Nanterre, Village à deux petites lieues de Paris, de parens pauvres & d'une naiſſance fort obſcure : ſon pere portoit le nom de Sévere, & ſa mere celui de Géronce. Elle fut dévouée à Dieu, d'une maniere toute particuliere, à l'âge de ſept ans, par Saint Germain, Evêque d'Auxerre, qui, remarquant en elle quelque choſe de ſurnaturel, la fit

A

approcher de l'autel, lui mit la main
fur la tête, lui fit préfent d'une Mé-
daille où étoit gravée l'image de la
Croix, & lui ordonna de la porter fur
elle, comme un gage de la fidélité
qu'elle avoit vouée à Jefus-Chrift fon
célefte Epoux. Elle fut confacrée quelques années après, dans les formes or-
dinaires de l'Eglife, par l'Evêque de
Paris, Félix, qui voulut la diftinguer
d'une maniere éclatante devant tous les
Fidèles.

Cette Sainte fut éprouvée par une
maladie très-violente, & par les plus
cruelles perfécutions que lui fufciterent
des hommes envieux & jaloux de fes
vertus & de fes hautes qualités. Ses
calomniateurs poufferent l'effronterie &
la violence jufqu'à attenter fur fa vie:
ils la firent paffer pour une fauffe pro-
phéteffe & pour une magicienne; &
fans le zèle & la fermeté de Saint Germain, elle eût été la victime de leur
rage & de leur fureur.

La haine de fes perfécuteurs fe chan-
gea bientôt en admiration, lorfqu'elle
écarta, par fes jeûnes, fes larmes &
fes prieres, l'irruption des barbares,
qui étoient conduits par le formidable

Attila, Roi des Huns, qui prenoit la qualité de fléau de Dieu, & dont le deſſein étoit de fondre ſur la ville de Paris, peu en état alors de réſiſter à une armée de trois ou quatre cens mille hommes.

La vie de cette Sainte fut un enchaînement de miracles ; & on ne ſauroit nombrer tous ceux qui ſe font opérés par ſon interceſſion, non-ſeulement à Paris & dans le voiſinage, mais encore à Meaux, à Laon, à Troyes, à Orléans, à Tours, & par-tout où elle ſe montroit : miracles au reſte qui, de l'aveu de tous les Hiſtoriens de ſa vie, tendoient tous au ſalut des ames, en même tems qu'ils rétabliſſoient la ſanté des corps. Auſſi le nom de Genevieve, & la réputation de ſa haute ſainteté, fut bientôt portée juſqu'aux extrémités du monde chrétien ; puiſqu'au rapport des Ecrivains de ſon tems, elle fut connue & reſpectée du célebre Siméon Stylite, l'objet de l'admiration de l'univers. Le vif éclat de ſa ſainteté la rendit encore vénérable aux Infideles & aux Idolâtres qui entendirent parler d'elle. Childéric Ier, Roi des François & pere de Clovis, fut de ce nombre ; & il eut tant de confi-dération pour cette Sainte, qu'il s'étoit engagé à ne lui rien refuser.

La converfion de ce Prince auroit été fans doute un objet bien digne de la charité & des prieres de cette Vierge puiffante : mais, fans vouloir pénétrer les jugemens de Dieu fur ce Prince, on a tout lieu de croire qu'au moins elle a contribué à la converfion du grand Clovis fon fils, en joignant fes prieres à celles de la pieufe Reine Clotilde. Auffi ce grand Roi fignala plus d'une fois fa reconnoiffance à l'égard de Ge-nevieve ; & il jetta lui-même les fon-demens de cette Eglife célebre, qui fut d'abord confacrée fous le nom des Apôtres Saint Pierre & Saint Paul, & qui porta enfuite celui de notre Sainte, qu'elle conferve encore aujourd'hui.

Les auftérités inouies que Sainte Ge-nevieve a pratiquées pendant fa vie, qu'on peut regarder comme un mar-tyre perpétuel de perfécutions ou de charité, ne l'ont pas empêché de vivre 90 ans. Elle mourut le troifieme jour de l'an 512, cinq femaines après Clovis, le premier de nos Rois Chrétiens, dont le tombeau eft au pied de la fuperbe colonne où repofent le Chef & les Reliques de notre Sainte.

Les miracles que Dieu continua d'accorder aux mérites de Sainte Genevieve, après fa mort, augmenterent bientôt la vénération des peuples : fon tombeau devint glorieux (*a*), & orné de riches préfens que les Parifiens, naturellement reconnoiffans, ne manquerent pas de lui offrir ; & ils la regarderent dès-lors comme leur Patrone, leur protectrice & leur mere.

On fe contenta cependant, pendant plus d'un fiécle, de célébrer la Fête anniverfaire du jour de fa mort : mais la dévotion des Fideles, qui alla toujours en augmentant, n'en parut point fatisfaite jufqu'à ce qu'on levât fon corps de terre, & qu'on l'expofât publiquement à leur vénération. Saint Eloi lui fit une châffe magnifique ; & la cérémonie qui fe fit vers l'an 630, peut paffer pour la premiere Tranflation du corps de la Sainte. L'Eglife de Paris fait mémoire de cette Tranflation, dans

---

(*a*) Ifaïe, c. 11, ℣. 10.

A iij

son Office du 28 Octobre, ainsi que de celle qui fut faite en 1242.

Ce culte fut troublé plus d'une fois par la fureur & l'irruption des Normands, qui pillerent son Eglise & la réduisirent en cendres : c'étoit en 845 & en 850 ; & ce ne fut qu'en 855, qu'elle fut rétablie en son Eglise, & qu'on éleva sa châsse derriere le Maître-Autel, où elle a toujours été depuis.

C'est à ce tems environ que l'on rapporte l'usage qui s'est introduit, de porter la châsse de Sainte Genevieve avec celle de Saint Marcel, en procession, à Notre-Dame de Paris, pour les nécessités publiques. La premiere de cette nature, que l'on trouve dans l'Histoire, est celle qui se fit en 887, pour obtenir la levée du siége que les Normands avoient mis devant la ville de Paris.

La deuxieme se fit l'an 1131, du tems de Louis-le-Gros, contre la maladie appellée des Ardens : c'étoit un mal inoui jusques-là, & d'autant plus terrible, qu'il étoit au-dessus de tout remede humain, parce qu'on étoit dévoré par un feu intérieur, qui conduisoit jusqu'à la consomption entiere du corps. Quatorze mille personnes dans la ville de le tombeau eft au pied de la fuperbe colonne où repofent le Chef & les Reliques de notre Sainte.

Les miracles que Dieu continua d'accorder aux mérites de Sainte Genevieve, après fa mort, augmenterent bientôt la vénération des peuples : fon tombeau devint glorieux (*a*), & orné de riches préfens que les Parifiens, naturellement reconnoiffans, ne manquerent pas de lui offrir ; & ils la regarderent dès-lors comme leur Patrone, leur protectrice & leur mere.

On fe contenta cependant, pendant plus d'un fiécle, de célébrer la Fête anniverfaire du jour de fa mort : mais la dévotion des Fideles, qui alla toujours en augmentant, n'en parut point fatisfaite jufqu'à ce qu'on levât fon corps de terre, & qu'on l'expofât publiquement à leur vénération. Saint Eloi lui fit une châffe magnifique ; & la cérémonie qui fe fit vers l'an 630, peut paffer pour la premiere Tranflation du corps de la Sainte. L'Eglife de Paris fait mémoire de cette Tranflation, dans

____

(*a*) Ifaïe, c. 11, ℣. 10.

A iij

fon Office du 28 Octobre, ainfi que de celle qui fut faite en 1242.

Ce culte fut troublé plus d'une fois par la fureur & l'irruption des Normands, qui pillerent fon Eglife & la réduifirent en cendres : c'étoit en 845 & en 850 ; & ce ne fut qu'en 855, qu'elle fut rétablie en fon Eglife, & qu'on éleva fa châffe derriere le Maître-Autel, où elle a toujours été depuis.

C'eft à ce tems environ que l'on rapporte l'ufage qui s'eft introduit, de porter la châffe de Sainte Genevieve avec celle de Saint Marcel, en proceffion, à Notre-Dame de Paris, pour les néceffités publiques. La premiere de cette nature, que l'on trouve dans l'Hiftoire, eft celle qui fe fit en 887, pour obtenir la levée du fiége que les Normands avoient mis devant la ville de Paris.

La deuxieme fe fit l'an 1131, du tems de Louis-le-Gros, contre la maladie appellée des Ardens : c'étoit un mal inoui jufques-là, & d'autant plus terrible, qu'il étoit au-deffus de tout remede humain, parce qu'on étoit dévoré par un feu intérieur, qui conduifoit jufqu'à la confomption entiere du corps. Quatorze mille perfonnes dans la ville de

Paris, qui ne contenoit pas alors un grand nombre d'habitans, étoient déja mortes, lorfqu'on eut recours à la protection de Sainte Genevieve ; & dès que fes Reliques furent apperçues de la foule des malades qui s'étoient placés çà & là, la maladie ceffa, & on vit diffiper cet effroyable fléau.

L'année fuivante, le Pape Innocent II vint en France ; & après avoir mûrement examiné toutes les circonftances de ce miracle, il ordonna qu'on en célébreroit publiquement la mémoire tous les ans, en actions de graces à Dieu. La Fête en fut affignée au vingt-fixieme jour du mois de Novembre, fous le titre de Miracle des Ardens. Long-tems après, Louis XI ordonna au Parlement de ceffer de tenir des féances le jour de Sainte Genevieve ; & il fut ordonné, par un arrêt de 1478, que fa Fête feroit chômée comme le Dimanche, & qu'elle feroit mife dans le Calendrier de cette Cour.

On compte environ quatre-vingt-fix époques où la châffe de la Sainte a été portée publiquement pour les calamités publiques, telles que les peftes, les guerres, les famines, les inondations,

les maladies de nos Rois, toujours chers
à leurs peuples, & autres néceſſités ur-
gentes qui regardent la ville de Paris en
particulier, ou le Royaume de France
en général ; & il faut pour cela qu'il
intervienne un arrêt du Parlement, &
que les Lieutenans-Civil & Criminel,
& autres Officiers du Roi au Châtelet,
s'obligent, par ferment & par écrit, de
garder eux-mêmes la châſſe de la Sainte,
d'en répondre, de l'accompagner ſans
la perdre de vue, juſqu'à ce qu'après
la proceſſion, elle ſoit remontée. & re-
miſe en ſa place ordinaire.

EXPLICATION

LITTÉRALE

DU CANTIQUE

POUR LA FÊTE

DE SAINTE GENEVIEVE,

TIRÉ de la Prophétie d'Iſaïe, chap. 61,
℣. *10 &* 11*; & chap. 62,* ℣. *1, 2,*
3, 4, 5, 6, 7.

C.61.
℣.10. *GAudens gau-*
debo in Do-
mino, & exultabit ani-
ma mea in Deo meo.

Suite du ℣. 10 *Quia*
induit me veſtimentis
ſalutis, & indumento
juſtitiæ circumdedit me.
Suite du ℣. 10. *Quaſi*
ſponſum decoratum co-
ronâ, & quaſi ſponſam

JE me réjouirai avec
une effuſion de cœur
dans le Seigneur, &
mon ame ſera ravie d'a-
légreſſe dans mon Dieu.

Parce qu'il m'a revêtu
des vêtemens du ſalut,
& qu'il m'a paré des
ornemens de la juſtice.

Comme un époux qui
a la couronne ſur la tête,
& comme une épouſe

A v

qui s'eft parée de tous fes ornemens.

Car comme la terre fait germer la femence, & comme un jardin fait pouffer ce qu'on y a planté : ainfi le Seigneur notre Dieu fera germer fa juftice, & fleurir fa louange aux yeux de toutes les nations.

Je ne me tairai point, & je ne ferai point en repos, à caufe de l'intérêt que je prends à Sion & à Jérufalem, jufqu'à ce que fa juftice fe leve comme la lumiere, & que fon falut éclate comme un flambeau allumé.

Car alors, ô Sion, les Gentils verront votre juftice, & tous les Rois verront votre gloire.

Et vous porterez le nouveau nom par lequel la bouche du Seigneur vous caractérifera.

Vous ferez une couronne de gloire dans la main du Seigneur, & un diadême royal dans la main de votre Dieu.

On ne vous appellera

ornatam monilibus fuis.

℣. 11. *Sicut enim terra profert germen fuum, & ficut hortus femen fuum germinat: fic Dominus Deus germinabit juftitiam, & laudem coram univerfis gentibus.*

Chap. 62. ℣. 1. *Propter Sion non tacebo, & propter Jerufalem non quiefcam, donec egrediatur ut fplendor juftus ejus, & falvator ejus ut lampas accendatur.*

℣. 2. *Et videbunt gentes juftum tuum, & cuncti reges inclytum tuum.*

Suite du ℣. 2. *Et vocabitur tibi nomen novum, quod os Domini nominabit.*

℣. 3. *Et eris corona gloriæ in manu Domini, & diadema regni in manu Dei tui.*

℣. 4. *Non vocaberis*

ultrà de relicta, & terra tua non vocabitur amplius desolata.

Suite du ℣. 4. *Sed vocaberis voluntas mea in ea, & terra tua inhabitata.*

Suite du ℣. 4. *Quia complacuit Domino in te, & terra tua inhabitabitur.*

℣. 5. *Habitabit enim juvenis cum Virgine, & inhabitabunt in te filii tui.*

Suite du ℣. 5. *Et gaudebit sponsus super sponsam, & gaudebit super te Deus tuus.*

℣. 6. *Super muros tuos, Jerusalem, constitui custodes ; totá die, & totá nocte, in perpetuum non tacebunt.*

℣. 7. *Qui reminiscimini Domini, ne taceatis, & ne detis silentium ei : donec stabiliat, & donec ponat Jerusalem laudem in terra.*

plus la répudiée, & votre terre ne sera plus appellée la terre désolée.

Mais vous serez appellée ma bien-aimée ; & votre terre, la terre habitée.

Parce que le Seigneur a mis son affection en vous, & que votre terre sera remplie d'habitans.

Car vos jeunes gens épouseront de jeunes Vierges : vos enfans se marieront pour faire croître votre postérité.

L'époux trouvera sa joie dans son épouse, & votre Dieu se réjouira en vous.

J'ai établi des gardes sur vos murs, ô Jérusalem ; ils ne se tairont ni durant le jour, ni durant la nuit.

Vous qui êtes chargés de conserver, chez les autres, le souvenir du Seigneur, ne vous taisez point : ne demeurez point en silence devant lui, jusqu'à ce qu'il rétablisse Jérusalem, & qu'il la rende l'objet des louanges de toute la terre.

EXPLICATION

Spirituelle, Historique et Morale

DE CE CANTIQUE.

AVANT-PROPOS.

QUELS dûrent être les vifs transports de joie des habitans de Jérusalem, lorsque Dieu leur fit annoncer, par le Prophête Isaïe, qu'ils se réjouiroient bientôt dans le Seigneur ; que leur ame, pénétrée de reconnoissance, se livreroit à la plus douce alégresse ; qu'il les couvriroit de sa protection, comme d'un habit ; que sa justice seroit le manteau qui les défendroit contre les tempêtes ; qu'ils joindroient aux graces d'un époux, celles d'une jeune épouse parée de tous ses ornemens au jour de ses noces ; & que tout de même qu'une terre féconde fait promptement éclorre les germes qui lui conviennent, & qu'un jardin cultivé produit heureusement ce qu'on y a

femé, ainfi le Seigneur, le fouverain
Être feroit paroître, avec éclat, leur
vertu & leur reconnoiffance aux yeux
de toutes les nations !

Quel furcroît de bonheur & de joie
pour Jérufalem, lorfque Dieu la fit affurer, par le premier & le plus chéri
de tous fes Prophêtes, que fa tendreffe
pour Sion ne lui donnoit aucun repos ;
qu'il ne pouvoit fe tranquillifer fur fon
fort, jufqu'à ce que celui qui devoit
être fa juftice, parût comme une lumiere éclatante ; & que celui qui devoit la fauver, fe montrât à elle comme
un flambeau dont les feux diffipent l'obfcurité : lorfqu'il lui promit que fa juftice frapperoit les yeux des nations, &
que tous les Rois verroient celui qui
feroit fa gloire ; qu'on lui donneroit
bientôt un nouveau nom, & que fon
Dieu le lui impoferoit lui-même ; qu'elle
feroit comme une couronne éclatante
entre les mains du Seigneur, & comme
un riche diadème qu'il étoit prêt à
mettre fur fon front ; qu'on ne l'ap-
pelleroit plus l'époufe répudiée, mais
l'époufe bien aimée ; que fon territoire
ne feroit plus nommé le défert, mais
le domaine de l'Être fuprême ; que le

Seigneur qui l'avoit formée, feroit revivre tous les droits qu'il avoit sur elle ; & qu'en s'attachant à elle, il sentiroit la même joie qu'un jeune homme qui épouse une jeune Vierge, & qui se voit en possession de l'aimable & légitime objet de ses feux. Enfin, qu'il poseroit des sentinelles sur les murs désolés de Jérusalem, qui ne cesseroient jour & nuit de crier : O vous, que le Seigneur a chargés de lui rappeller le souvenir de sa Ville sainte ! élevez votre voix, & ne lui donnez aucun repos jusqu'à ce qu'il l'ait rétablie pour toujours, & qu'il en ait fait un objet d'admiration pour tout l'univers.

Toutes ces brillantes & flateuses prédictions, faites en faveur de Jérusalem, la capitale de la Judée, ont été bien plus heureusement accomplies en faveur de la Capitale de la France, depuis qu'elle a reçu le don précieux de la foi, & reconnu l'illustre Genevieve pour sa protectrice & sa Patrone.

Hâtons-nous de lui présenter ce rare modele de foi, d'humilité, de patience, de chasteté, de pénitence & de charité, qui a su tant de fois exciter son zèle, sa reconnoissance, & ses plus

vives actions de grace, par les faveurs
sans nombre qu'elle lui a méritées depuis tant de siécles.

Chap. 61. ℣. 10. *Gaudens gaudebo in Domino , & exultabit anima mea in Deo meo.*	Je me réjouirai avec une effusion de cœur dans le Seigneur , & mon ame sera ravie d'alégresse dans mon Dieu.

L'amour - propre s'approprie tout :
mais la vraie charité, qui est fondée
sur l'humilité, renvoie tout à Dieu ; &
le plus grand don que nous puissions
recevoir de l'Être suprême , de qui
descendent tous les dons (*a*), est celui
de nous faire reconnoître que ce n'est
qu'en lui seul que nous devons nous
glorifier de tous les autres dons que
nous recevons de sa main libérale (*b*).

Tel est le grand principe de morale
que l'Apôtre Saint Paul s'est efforcé
d'établir contre ces hommes vains &
orgueilleux, qui se donnent des louanges
souvent excessives sur le peu de bien
qu'ils font, & quelquefois sur celui

____

(*a*) Epître de Saint Jacques, c. 1, ℣. 17.
(*b*) Premiere Epître aux Corinthiens, c. 1
℣. 31.

qu'ils ne font pas. Que celui qui fe glorifie, leur dit-il, fe glorifie dans le Seigneur (*a*).

La vraie humilité, lorfqu'elle eft éclairée & bien entendue, n'aveugle pas l'homme jufqu'au point de lui cacher ce qu'il peut avoir de bon & de louable ; & nous trouvons des Saints qui, comme Saint Paul, fe font loués eux-mêmes (*b*). Il n'eft donc pas abfolument défendu de fe glorifier ; & il peut y avoir des circonftances où il foit permis de le faire : mais alors on ne peut & on ne doit fe glorifier que dans le Seigneur. La raifon en eft fenfible : on ne doit fe glorifier que dans celui qui eft la véritable caufe du bien que l'on fait. Or Dieu eft le feul principe de tout bien (*c*) : on ne peut donc & on ne doit fe glorifier que dans lui feul.

D'ailleurs, il n'eft rien, felon l'Apôtre, foit dans l'ordre de la nature,

---

(*a*) Deuxieme Epître aux Corinthiens, c. 10, ℣. 17, 18.

(*b*) Deuxieme Epître aux Corinthiens, c. 12, ℣. 1, &c.

(*c*) Apocalypfe, c. 1, ℣. 8.

foit dans l'ordre de la grace, que nous n'ayons reçû de Dieu ; & fi nous avons tout reçu de lui, pourquoi nous en glorifier, comme fi nous ne l'avions pas reçu (*a*) ? S'il n'eft aucun bien que nous ayons pu mériter, aucun qui nous foit acquis & qui nous foit dû ; s'il n'en eft aucun que nous nous foyons donné à nous-mêmes, ils ne font donc tous enfemble que des dons gratuits de la libéralité d'un Dieu qui ne nous doit rien, & dont la feule miféricorde peut nous fauver (*b*).

Notre jeune Sainte comprit, dès l'âge le plus tendre, cette grande vérité. Auffi elle reconnut devoir fa naiffance, fa vie, fes lumieres, fes connoiffances, toutes les qualités de fon corps & de fon efprit, & elle-même toute entiere, à celui qui eft la vraie lumiere qui éclaire tout homme qui vient au monde (*c*).

Prévenue de bonne heure des bénédictions du Ciel (*d*), elle jugea que

---

(*a*) Premiere Epître aux Corinthiens, c. 4, ℣. 7.
(*b*) Lamentations de Jérémie, c. 3, ℣. 22.
(*c*) Jean, c. 1, ℣. 9.
(*d*) Pfeaume 20, ℣. 4.

pour réuffir fûrement à concevoir de bas fentimens de foi - même, il faut réfléchir fur tout ce qu'on a en foi de foible & d'humiliant, bien plus que fur ce que l'on peut avoir d'avantageux & d'utile ; & fe perfuader que ce qui fert à réformer notre cœur, vaut toujours mieux pour nous, que ce qui éclaire feulement notre efprit. Elle comprit que ce ne font ni nos louanges, ni celles des hommes, qui nous rendent vraiment eftimables, mais le jugement infaillible de Dieu ; qu'il n'y a de louable que ce qu'il approuve ; & que fi nous ne pouvons pas feulement avoir de nous-mêmes aucune bonne penfée, & fans que Dieu nous en rende capables (*a*), il nous importe uniquement de vivre dans l'humilité & dans une jufte défiance de nous-mêmes ; de conferver avec reconnoiffance ce que nous avons reçu de la bonté de Dieu ; de n'agir que pour l'accompliffement de fa fainte volonté, & de lui rapporter toute la gloire & tout le fuccès de nos entreprifes (*b*).

(*a*) Deuxieme Epître aux Corinth. c. 3 , ℣. 5.
(*b*) Pfeaume 113 , ℣. 1.

Telle fut la bafe fondamentale fur laquelle l'illuftre Genevieve éleva, avec le fecours de la grace, l'édifice de fes vertus. Sa profonde humilité fit tout le prix de fa vie, toute la gloire de fa mort, & lui a valu ce crédit immenfe & fi juftement mérité, dont elle jouit dans la plus grande Capitale du mónde Chrétien.

Suite du ℣. 10. *Quia induit me veftimentis falutis, & indumento juftitiæ circumdedit me.*	Parce qu'il m'a revêtue des vêtemens du falut, & qu'il m'a parée des ornemens de la juftice.
Suite du ℣. 10. *Quafi fponfum decoratum coroná, & quafi fponfam ornatam monilibus fuis.*	Comme un époux qui a la couronne fur la tête, & comme une époufe qui s'eft parée de tous fes ornemens.

Si les habitans de Jérufalem eurent raifon *de fe réjouir avec une effufion de cœur dans le Seigneur, & de treffaillir de joie dans le Dieu d'Ifraël,* en voyant avec autant d'étonnement que de reconnoiffance, qu'au lieu de fes anciens citoyens, pleins d'injuftice & d'irreligion, il lui rendoit des enfans foumis & dociles, qui, par leur vertu & leur piété, alloient devenir leur confolation & leur gloire; quels dûrent être les

tranfports de notre jeune Sainte, lorfqu'à peine parvenue à l'âge de fept
ans, elle vit fon Seigneur & fon Dieu,
prendre pour elle les fentimens *d'un
époux* tendre & généreux, lui prodi-
guer, au jour de fes noces, *les plus
riches ornemens*, pour relever la beauté
de fa nouvelle époufe, & s'appliquer
même *à la parer* de fa propre image,
& de tout ce qu'une fainteté & *une
juftice* exacte & entiere peut avoir de
plus précieux & de plus brillant !

Déja fa tendre piété fixe les yeux
de deux faints Prélats (*a*), que leur
grande vertu & leur fcience éminente
avoient fait députer en Angleterre pour
y combattre l'Héréfie Pélagienne (*b*).
Ils la diftinguent au milieu de la foule :
ils prédifent que Genevieve feroit grande
devant Dieu, & que fon exemple atti-
reroit à lui plufieurs perfonnes. Ils lui
propofent de la confacrer à Jefus-Chrift

(*a*) Saint Germain, Evêque d'Auxerre, &
faint Loup, Evêque de Troyes.

(*b*) Pélage, Auteur de cette Héréfie, en-
feignoit que l'homme naiffoit fans péché, &
qu'il pouvoit vivre dans l'innocence, & parvenir au Royaume du Ciel fans le fecours de
la grace.

comme fon époufe ; & elle s'écrie auffi-tôt que c'étoit-là tout fon defir, & qu'elle efpéroit, avec le fecours de Dieu, tenir fa promeffe.

Quelques années après, elle renouvelle fon vœu, & reçoit le voile facré de la virginité, des mains de fon propre Evêque (*a*) ; & dès-lors les mortifications, les larmes, les jeûnes & la priere, qui font l'aliment des Vierges, deviennent fa nourriture & fes délices. Déja elle regarde fon corps, tout foible & tout innocent qu'il eft, non-feulement comme une chofe qui lui eft étrangere, & qui ne lui appartient plus ; mais encore comme un ennemi dangereux, qu'elle craint de laiffer fortifier. Les graces de la nature, une jeuneffe tendre & floriffante, la force de fon tempérament, la fougue des paffions, les occafions même les plus périlleufes, ne furent jamais pour elle des prétextes pour corrompre fes premieres mœurs.

Genevieve, à la fleur de fon âge, ne connoît rien de plus précieux que le tréfor de l'innocence. Ornée de tous les talens qui conduifent fouvent à la

____

(*a*) Félix, Evêque de Paris.

perdre, elle en veille avec plus de soin à sa conservation : tous les tems lui paroissent appartenir également à celui qui est le maître des tems & le Seigneur de l'éternité (a); & le seul privilége qu'elle trouve dans sa jeunesse & dans sa beauté, ce sont des attentions plus séveres pour éloigner des passions, qu'il est toujours bien plus aisé de prévenir que d'éteindre.

O vous, heureux Habitans de ce grand Royaume, dont Dieu même a jeté les fondemens, & qu'il a destiné à être le soutien & l'ornement de l'Eglise; pensez donc que votre Ville capitale doit être l'exemple du monde Chrétien par sa piété, comme elle en est la gloire & la merveille par son étendue, par ses lumières, par sa politesse & par son opulence! Pensez que la chasteté éminente de l'illustre Vierge que vous honorez, confondra un jour votre molesse & votre sensualité; que vous ne pourrez jamais ni excuser, ni justifier des penchans malheureux qu'elle n'a cherché qu'à combattre &

____

(a) Pseaume 101, ℣. 28.

à détruire ; & que si vous souffrez plus long-tems qu'on secoue le joug des devoirs, on en viendra bientôt jusqu'à ne connoître plus **même celui** des bienséances.

Quel malheureux siécle que le nôtre ! Le crime se cachoit du moins autrefois : il fait gloire aujourd'hui de se donner en spectacle. C'étoit autrefois une œuvre de confusion & de ténèbres : il affecte aujourd'hui la lumiere, & semble chercher effrontément le grand jour dans un sexe même dont la pudeur devroit faire tout le mérite. On voit des femmes infortunées porter avec ostentation, sur le front, leur déshonneur & leur ignominie ; tirer une gloire honteuse que le public soit instruit du succès de leurs funestes appas ; compter comme autant de victoires & de titres d'honneur, les ames foibles qu'elles ont fait tomber dans le piége ; déchirer elles-mêmes, sans pudeur, le voile que la bienséance avoit mis jusqu'ici sur le déréglement, & prendre, ce semble, autant de soin de publier leur honte, que les siécles précédens en avoient pris de la cacher.

On voit l'impudence devenue un bon air ; l'indécence poussée à un point qu'elle infpire même du dégoût à ceux à qui elle s'efforce de plaire ; & le nom de la pudeur, devenu un nom de mépris & de rifée. On voit avec horreur des femmes mondaines, jufques fur le retour de l'âge, chercher encore des regards qui les fuient ; ranimer un vifage flétri & furanné par des artifices rifibles & puérils, qui rappellent bien plus leur caducité que leurs attraits ; s'efforcer de fe donner une jeuneffe empruntée, qui ne trompe que leurs yeux feuls ; acheter, peut-être, des affiduités criminelles qu'elles ne peuvent plus mériter ; & faire des choix honteux & déshonorans qui deviennent la derniere reffource de leur indigne foibleffe.

Il n'eft pas jufqu'au Sacrement honorable du Mariage (*a*), & à la chafteté conjugale, qu'on ne déshonore & qu'on ne profane. Ce ne font plus les mœurs, la religion, la piété qui décident de nos choix ; mais l'intérêt & la paffion qui forment les nœuds de ce lien facré : les biens & les titres font comptés feuls, & non les vertus, dans l'écrit fatal qui nous

---

(*a*) Epître aux Hébreux, c. 13, ℣. 4. Epître aux Ephéfiens, c. 5, ℣. 32.

unit :

unit : on met tout en œuvre pour affortir les fortunes, & on ne fe met point en peine d'affortir les cœurs. Une fociété fainte & indiffoluble n'a fouvent, pour tout lien, qu'une oppofition fecrete de caractere, qui va bientôt la troubler & peut-être la rompre : la même cupidité, qui nous lie, nous a bientôt défunis. L'ouvrage des paffions ne fauroit être durable : & cependant tant de divorces fcandaleux font de foibles leçons, & ne rendent pas les mariages plus faints & plus prudens ; & l'on voit tous les jours les plus grandes maifons périr & s'é-teindre par le Sacrement même deftiné à les foutenir & à les perpétuer.

Tous ces abus monftrueux feroient bientôt réformés, fi nous étions con-vaincus, comme la chafte Genevieve, que, loin de paffer quelque chofe à l'âge tendre, c'eft à la jeuneffe même qu'il ne faut rien paffer ; & que les premieres mœurs décident d'ordinaire du refte de la vie ; que la faifon des périls eft celle où nous devons plus les craindre ; que nous devons faire ufage, pour Dieu feul, d'une fenfibilité qui ne nous eft donnée que pour nous conduire à lui ; que tout le mérite de la vertu confifte à réfifter

B

fortement à des penchans qui la combattent ; & que ſi les Saints ne ſe livrent pas à leurs paſſions, ce n'eſt pas parce qu'ils ſont moins tentés & moins fragiles que nous, mais ſeulement parce qu'ils ſont plus fideles.

Car comme la terre fait germer la ſemence, & comme un jardin fait pouſſer ce qu'on y a planté : ainſi le Seigneur notre Dieu fera germer ſa juſtice, & fleurir ſa louange aux yeux de toutes les nations.

℣. 11. *Sicut enim terra profert germen ſuum, & ſicut hortus ſemen ſuum germinat : ſic Dominus Deus germinabit juſtitiam, & laudem coram univerſis gentibus.*

La juſtice, qui n'eſt qu'extérieure & humaine, paroît d'abord dans toute ſa grandeur ; & l'on voit tout d'un coup ce qu'elle doit être : elle eſt ſemblable aux ouvrages de l'art, qui ne reçoivent point d'accroiſſement, parce qu'ils ſont ſans vie & ſans action ; au lieu que *la vraie ſainteté, qui vient de Dieu,* eſt petite à ſa naiſſance, & ne paroît preſque point : elle eſt cachée, *comme l'arbre l'eſt dans la terre,* & ne préſente d'abord qu'un foible *pepin* & *une graine* légere : mais comme cette juſtice a un principe vivant, qui eſt l'eſprit de Dieu, *elle croît* peu à peu par un progrès inſenſible ;

& à mesure qu'elle prend racine dans le cœur, elle produit au-dehors *les fleurs & les fruits qui lui sont propres.*

Plus l'ame réfléchit sur sa propre foiblesse, plus elle est persuadée que si elle est *une plante* que la main de Dieu a fait naître dans le champ de son Eglise, pour être arrosée par la main des hommes; *c'est Dieu seul* néanmoins qui lui donne l'accroissement (*a*); *& que la terre de son cœur ne peut porter aucun fruit,* qu'à proportion qu'elle reçoit la rosée de sa grace (*b*) & les influences de son divin Esprit (*c*).

Telle fut l'incomparable Genevieve: prévenue en tout par la divine miséricorde, elle ne reçut que de Dieu seul son éducation chrétienne. Il fut la chercher dans un Village & parmi des gens grossiers, dans le désert & dans les exercices d'une vie champêtre, pour en faire une des plus grandes & des plus illustres Saintes du monde chrétien. Il la fit croître dans le champ du

---

(*a*) Premiere Epître aux Corinthiens, c. 3, ℣. 6.
(*b*) Osée, c. 6, ℣. 3, 4.
(*c*) Pseaume 84, ℣. 13.

Pere de famille, comme ces grands arbres qu'on ne feme point, & qui fortent de la terre dans les plus affreufes folitudes.

Les arbres qui naiffent dans les jardins & dans les lieux cultivés, appartiennent, en quelque forte, aux hommes qui en ont femé les graines & qui en ont pris foin (a) : au lieu que les autres ne peuvent être attribués qu'à Dieu feul, qui, dans l'origine des fiécles, *en a jeté les femences dans la terre* (b). Et tout de même qu'on peut dire qu'il y a des Saints qui font cultivés par les foins des hommes, & qui paroiffent ne pas appartenir entierement à Dieu, qui fe fert des hommes pour les rendre ce qu'ils font; on doit reconnoître qu'il y en a d'autres à qui il a pris plaifir de donner lui-même la naiffance, l'accroiffement & la plus parfaite culture, & qui, comme Genevieve, trouvent, en naiffant, les femences de la fainteté dans leur ame, fans que les hommes y aient aucune part; & on peut ajouter que s'ils joignent leurs foins & leurs travaux

---

(a) Pfeaume I , ℣. 3.
(b) Genefe, c. I, ℣. 11, 12.

à leurs heureuses difpofitions, ce n'eft que pour nous apprendre que notre falut eft un ouvrage commun de Dieu & de l'homme ; c'eft-à-dire, de la grace qui le commence, & de notre volonté toujours libre, qui, par elle & avec elle, le foutient, l'acheve & le confomme (*a*).

Il ne fuffifoit donc pas à notre Sainte d'avoir été prévenue de Dieu d'une maniere fi finguliere ; elle devoit faire encore tout ce qui pouvoit la rendre capable de conferver & d'augmenter même cette grande miféricorde. Elle le fit ; & ce fut par la retraite, le recueillement, le filence & l'efprit de priere, qu'elle conferva tous fes dons (*b*).

Obligée, par fa naiffance & fa condition, à mener paître les brebis dans les champs, elle trouva toujours, dans fa retraite, un nouvel attrait pour la priere. C'étoit au milieu de cette folitude, qu'elle recevoit en fecret les faveurs & les careffes de fon divin Epoux : elle s'y repofoit à l'ombre de fon Bien-

____

(*a*) Premiere Epître aux Corinthiens, c. 15, ℣. 10.

(*b*) Eccléfiaftique, c. 14, ℣. 14.

Aimé (*a*), & y jouiſſoit de ſes communications les plus intimes. Son parc, que l'on voit encore, étoit comme un paradis terreſtre, où Dieu venoit ſe promener & s'entretenir avec elle (*b*); c'étoit-là qu'il lui apprenoit à prier (*c*), & à lever ſes mains pures & innocentes vers le Dieu de toute conſolation (*d*): auſſi ne connut-elle jamais d'autre méthode, pour prier, que l'attrait intérieur de la grace, & l'ardeur du Saint-Eſprit, qui lui faiſoit paſſer les journées entieres dans ce ſaint exercice; perſuadée que la priere eſt toujours exaucée, quand c'eſt l'Eſprit ſaint qui prie, & qui gémit pour nous & en nous (*e*).

Apprenons donc à prier, moins par un grand nombre de paroles, que par les deſirs du cœur; puiſque prier, c'eſt gémir devant Dieu, à la vue de ſes miſeres & de ſa pauvreté; c'eſt deſirer d'être délivrés de ce lieu d'exil & de dangers, pour être parfaitement unis à Dieu;

(*a*) Cantique des Cantiques, c. 2, ℣. 3.
(*b*) Geneſe, c. 3, ℣. 8.
(*c*) Luc, c. 11, ℣. 1.
(*d*) Deuxieme Epître aux Corinthiens, c. 1, ℣. 3.
(*e*) Epître aux Romains, c. 8, ℣. 26.

à leurs heureuses dispositions, ce n'est que pour nous apprendre que notre salut est un ouvrage commun de Dieu & de l'homme ; c'est-à-dire, de la grace qui le commence, & de notre volonté toujours libre, qui, par elle & avec elle, le soutient, l'acheve & le consomme (*a*).

Il ne suffisoit donc pas à notre Sainte d'avoir été prévenue de Dieu d'une maniere si singuliere ; elle devoit faire encore tout ce qui pouvoit la rendre capable de conserver & d'augmenter même cette grande miséricorde. Elle le fit ; & ce fut par la retraite, le recueillement, le silence & l'esprit de priere, qu'elle conserva tous ses dons (*b*).

Obligée, par sa naissance & sa condition, à mener paître les brebis dans les champs, elle trouva toujours, dans sa retraite, un nouvel attrait pour la priere. C'étoit au milieu de cette solitude, qu'elle recevoit en secret les faveurs & les caresses de son divin Epoux : elle s'y reposoit à l'ombre de son Bien-

---

(*a*) Premiere Epître aux Corinthiens, c. 15, ℣. 10.

(*b*) Eccléfiastique, c. 14, ℣. 14.

Aimé (*a*), & y jouiſſoit de ſes communications les plus intimes. Son parc, que l'on voit encore, étoit comme un paradis terreſtre, où Dieu venoit ſe promener & s'entretenir avec elle (*b*); c'étoit-là qu'il lui apprenoit à prier (*c*), & à lever ſes mains pures & innocentes vers le Dieu de toute conſolation (*d*): auſſi ne connut-elle jamais d'autre méthode, pour prier, que l'attrait intérieur de la grace, & l'ardeur du Saint-Eſprit, qui lui faiſoit paſſer les journées entieres dans ce ſaint exercice; perſuadée que la priere eſt toujours exaucée, quand c'eſt l'Eſprit ſaint qui prie, & qui gémit pour nous & en nous (*e*).

Apprenons donc à prier, moins par un grand nombre de paroles, que par les deſirs du cœur; puiſque prier, c'eſt gémir devant Dieu, à la vue de ſes miſeres & de ſa pauvreté; c'eſt deſirer d'être délivrés de ce lieu d'exil & de dangers, pour être parfaitement unis à Dieu;

(*a*) Cantique des Cantiques, c. 2, ℣. 3.
(*b*) Geneſe, c. 3, ℣. 8.
(*c*) Luc, c. 11, ℣. 1.
(*d*) Deuxieme Epître aux Corinthiens, c. 1, ℣. 3.
(*e*) Epître aux Romains, c. 8, ℣. 26.

à leurs heureufes difpofitions, ce n'eft que pour nous apprendre que notre falut eft un ouvrage commun de Dieu & de l'homme ; c'eft-à-dire, de la grace qui le commence, & de notre volonté toujours libre, qui, par elle & avec elle, le foutient, l'acheve & le confomme (*a*).

Il ne fuffifoit donc pas à notre Sainte d'avoir été prévenue de Dieu d'une maniere fi finguliere ; elle devoit faire encore tout ce qui pouvoit la rendre capable de conferver & d'augmenter même cette grande miféricorde. Elle le fit ; & ce fut par la retraite, le recueillement, le filence & l'efprit de priere, qu'elle conferva tous fes dons (*b*).

Obligée, par fa naiffance & fa condition, à mener paître les brebis dans les champs, elle trouva toujours, dans fa retraite, un nouvel attrait pour la priere. C'étoit au milieu de cette folitude, qu'elle recevoit en fecret les faveurs & les careffes de fon divin Epoux : elle s'y repofoit à l'ombre de fon Bien-

______

(*a*) Premiere Epître aux Corinthiens, c. 15, ℣. 10.

(*b*) Eccléfiaftique, c. 14, ℣. 14.

Aimé (*a*), & y jouiſſoit de ſes communications les plus intimes. Son parc, que l'on voit encore, étoit comme un paradis terreſtre, où Dieu venoit ſe promener & s'entretenir avec elle (*b*); c'étoit-là qu'il lui apprenoit à prier (*c*), & à lever ſes mains pures & innocentes vers le Dieu de toute conſolation (*d*): auſſi ne connut-elle jamais d'autre méthode, pour prier, que l'attrait intérieur de la grace, & l'ardeur du Saint-Eſprit, qui lui faiſoit paſſer les journées entieres dans ce ſaint exercice; perſuadée que la priere eſt toujours exaucée, quand c'eſt l'Eſprit ſaint qui prie, & qui gémit pour nous & en nous (*e*).

Apprenons donc à prier, moins par un grand nombre de paroles, que par les deſirs du cœur; puiſque prier, c'eſt gémir devant Dieu, à la vue de ſes miſeres & de ſa pauvreté; c'eſt deſirer d'être délivrés de ce lieu d'exil & de dangers, pour être parfaitement unis à Dieu;

(*a*) Cantique des Cantiques, c. 2, ℣. 3.
(*b*) Geneſe, c. 3, ℣. 8.
(*c*) Luc, c. 11, ℣. 1.
(*d*) Deuxieme Epître aux Corinthiens, c. 1, ℣. 3.
(*e*) Epître aux Romains, c. 8, ℣. 26.

c'eſt aimer Dieu de tout ſon cœur, & ne voir que lui en toutes choſes.

Apprenons enfin que, comme il n'y a pas de méthode qui nous enſeigne à gémir, à deſirer, à aimer, auſſi nos gémiſſemens, nos deſirs & notre amour même, peuvent devenir ſuſpects, ſi nous y mettons plus d'étude & de théorie, que d'application & de ſimplicité; parce que la priere doit être l'ouvrage du cœur, plutôt qu'une production de l'eſprit, ou un orgueilleux effort de l'amour-propre (a).

Chap. 62, ℣. 1. *Propter Sion non tacebo, & propter Jeruſalem non quieſcam, donec egrediatur ut ſplendor juſtus ejus, & ſalvator ejus ut lampas accendatur.*	Je ne me tairai point, & je ne ſerai point en repos, à cauſe de l'intérêt que je prends à Sion & à Jéruſalem, juſqu'à ce que ſa juſtice ſe leve comme la lumiere, & que ſon ſalut éclate comme un flambeau allumé.

Une lumiere ſi brillante ne pouvoit plus long-tems reſter ſous le boiſſeau (b); & la même charité, qui

---

(a) Pſeaume 11, ℣. 6. Eccléſiaſtique, c. 35, ℣. 17.
(b) Matthieu, c. 5, ℣. 15.

avoit fait goûter tant de douceurs à la fervente Genevieve dans son obscure retraite, devoit l'en faire sortir pour répandre le feu divin dont elle étoit embrasée (*a*), sur ses plus chers concitoyens.

Car tel est l'effet ordinaire de cette vertu toute céleste ; & elle a cela de propre, qu'elle arrache souvent les plus saintes ames des douceurs de la contemplation, & d'entre les bras de Dieu où elles reposent, pour les appliquer au travail de l'action & au service du prochain ; & en même-tems qu'elle leur prête des aîles pour voler jusques dans le sein de la Divinité (*b*), elle les charge d'un poids utile qui les abaisse vers leurs freres, & les assujettit à tous les hommes, grands & petits, justes ou pécheurs, qu'elle leur fait envisager comme les images de Dieu (*c*) & les membres de Jesus-Christ (*d*). C'est cette charité qui arracha Genevieve du fond de son

------

(*a*) Luc, c. 12, ℣. 40.
(*b*) Pseaume 14, ℣. 7.
(*c*) Premiere Epître aux Corinthiens, c. 11, ℣. 7.
(*d*) Epître aux Ephésiens, c. 5, ℣. 30.

défert, pour la faire paffer fur le plus illuftre théatre du monde, & qui, après l'avoir confacrée en fecret l'époufe du Créateur, la deftina à devenir l'une des plus célebres fervantes des créatures. Elle la conduit de Nanterre à Paris, & du Village à la Cour : elle lui fait quitter la quenouille & la houlette, pour venir appuyer des fceptres & des couronnes ; & la fait paffer dans une Cour toute payenne & profane, avec le même efprit qu'Elie vint en celle d'Achab, pour détruire le faux culte (*a*), & pour renverfer toute hauteur qui s'éleve contre la fcience de Dieu (*b*).

Le zèle brûlant dont elle fe fent dévorée pour le falut du Royaume de France, & de fa Ville capitale qui l'a vue naître, femble lui mettre dans la bouche les paroles même d'Ifaïe, que nous expliquons : Non, s'écrie-t-elle, *je ne me tairai point, & je ne ferai point en repos, à caufe de l'intérêt que je prends à Sion & à Jérufalem, jufqu'à ce que fa juftice fe leve comme la lumiere,*

(*a*) Troifieme Livre des Rois, c. 18, ℣. 40.
(*b*) Deuxieme Epître aux Corinthiens, c. 10, ℣. 5.

B v

*& que son salut éclate comme un flam-
beau allumé.* Plus elle pense devoir trouver des obstacles à sa mission, plus elle
redouble l'ardeur de ses prieres & de
ses vœux ; & elle ne se propose rien
moins que de consoler tout-à-la-fois
les ames justes qui sont dans les pleurs,
en faisant succéder à leur longue tristesse, toutes les démonstrations de la
joie la plus parfaite, & de ramener les
pécheurs à celui qui est la source unique
de toute justice (*a*), & pour le faire
régner dans le cœur de tous les François (*b*).

Notre jeune Héroïne apperçoit, du
premier coup-d'œil, tous les maux qui
affligent *sa chère Sion.* La pauvreté, la
misere, le crime même & la plus affreuse idolâtrie, donnent d'abord le
plus grand exercice à son zèle. Elle
se prive des choses les plus nécessaires
à la vie, pour pourvoir aux besoins de
ses freres : le même amour qui lui fait
trouver du plaisir dans ses plus grandes
nécessités, lui cause une extrême dou-
leur de les voir souffrir en la personne

______

(*a*) Baruch, c. 5 , ℣. 9.
(*b*) Michée, c. 4 , ℣. 7.

des pauvres. Son abſtinence & ſa charité, ſa pauvreté & ſes profuſions, attirent déja tous les regards ; & comme
le Sauveur du monde, qu'elle s'efforça
toujours d'imiter, on la trouve également admirable, lorſqu'on la voit, dans
ſon déſert, ſans boire & ſans man-
ger (*a*), ou au milieu de cinq mille
perſonnes, multipliant un peu de pain
pour les nourrir (*b*).

Ce n'eſt pas tout ; elle joint à une
abſtinence prodigieuſe, une activité continuelle : ſa maiſon devient comme un
Monaſtere, où elle pratique avec une
foule de compagnes, qu'elle aſſocie à
ſon zèle, les devoirs de la plus tendre
& de la plus officieuſe hoſpitalité ; & on
la regarde comme un lieu ſaint & un
pieux pélerinage, où toutes les ames
pieuſes & affligées viennent lui rendre,
même durant la vie, un honneur qui
ne ſe rend aux autres ſerviteurs de Dieu
qu'après la mort (*c*).

Les perſonnes de ſon ſexe deviennent
le plus tendre objet de ſes ſoins & de

(*a*) Luc, c. 4, ℣. 2.
(*b*) Mathieu, c. 14, ℣. 16——20.
(*c*) Eccléſiaſtique, c. 11, ℣. 30.

B vj

sa sollicitude : elle ne les convertit pas à demi : en leur montrant la vanité du paganisme, elle leur fait voir celle du monde : elle les fait renoncer à l'un & à l'autre ; & souvent, après les avoir retirées de l'Egypte (*a*), elle les conduit jusques dans la Terre de promission (*b*) : après les avoir ramenées dans la bergerie, parmi les ouailles du Seigneur (*c*), elle les porte jusques sur l'autel, parmi les victimes (*d*).

Une charité vraiment chrétienne & patriotique, la rend propre à tout : tout est du ressort de Genevieve : c'est chez elle que se traitent toutes les affaires importantes de son tems ; c'est sur elle qu'on se repose du soin des prisons & des hôpitaux ; c'est elle qui part au premier signal de disette, pour pourvoir aux besoins de ses semblables, & pour leur faire venir des vivres dans les tems de famine & de siége ; & elle ajoute toujours à cette vigilance pour les besoins corporels de ses concitoyens,

---

(*a*) Exode, c. 12, ℣. 37.
(*b*) Lévitique, c. 20, ℣. 24.
(*c*) Jean, c. 10, ℣. 16.
(*d*) Pseaume 50, ℣. 21.

ſi propre à gagner les eſprits & les cœurs, une piété exemplaire, qui inſpire aux plus hardis un reſpect religieux & une ſainte componction. Marchant toujours à la tête de ſes pieuſes compagnes, également recueillies & pleines de Dieu, elle jete des étincelles de l'amour divin juſques dans le fond des cœurs. Ses paroles, ſes actions, ſes ſoupirs, ſes prieres, ſes miracles, ſont autant d'armes victorieuſes qui renverſent l'empire du Démon, & qui établiſſent le regne de Jeſus-Chriſt (*a*).

Telle fut l'ardente charité de Genevieve : & que ne peut pas cette vertu toute céleſte dans une ame également tendre & généreuſe, qui ſait aimer Dieu pour lui-même, & le prochain pour Dieu ? Que ne peut pas cette charité dont parle Saint Paul (*b*), qui ſouffre les délais de Dieu, attend ſes momens, ne les prévient & ne les avance que par l'ardeur de ſes deſirs : cette charité qui porte ſans chagrin les imperfections du prochain, en attend la correction

____

(*a*) Epître aux Ephéſiens, c. 6, ℣. 11.
(*b*) Premiere Epître aux Corinthiens, c. 13, ℣. 3, &c.

sans impatience, & la demande à Dieu sans se lasser & sans se refroidir : cette charité qui n'envie point à Dieu la gloire de ses dons, en se les appropriant ; qui voudroit l'enrichir, s'il se pouvoit, de ses propres biens, & qui fait toute sa joie de voir qu'il n'en a aucun besoin (a) ; qui se réjouit du bien d'autrui comme du sien propre, & consent qu'il lui soit préféré : cette charité sage, prudente & circonspecte dans les affaires de Dieu, qui ne fait rien dans les siennes qu'avec maturité, avec discrétion, avec mesure ; & rien pour les autres, qu'avec réflexion & attachement à l'ordre : cette charité qui aime également à se remplir de la grandeur de Dieu & de son propre néant, qui travaille à s'oublier soi-même, & consent à être dans l'oubli des autres : cette charité qui ne dédaigne rien des choses de Dieu, qui en regarde tout avec estime, avec respect, avec religion, qui ne méprise en elle-même que ce qui vient d'elle, & qui cherche & trouve toujours l'endroit par lequel le prochain est estimable.

(a) Pseaume 15, ℣. 2.

Que ne peut pas cette charité noble, mâle & défintéreffée, qui n'a que la volonté & la gloire de Dieu devant les yeux, & qui eft prête à lui facrifier tous fes intérêts ! qui craint toujours de fe rechercher dans fes. actions, & qui fait des intérêts du prochain les fiens propres : cette charité qui porte la conduite de Dieu la plus rigoureufe dans le filence & fans s'émouvoir ; qui ne fe prend qu'à fes fautes de tout ce qu'elle fouffre, mais fans fe troubler, & qui ne perd jamais la tendreffe pour le pécheur, de quelque zèle qu'elle foit embrâfée contre le péché : cette charité, enfin, qui tolere tout, qui croit tout, qui efpere tout, qui fouffre tout : cette charité qui n'eft jamais dure que pour elle-même, & toujours indulgente pour les autres ; qui n'a point d'exception dans fa foi, parce que l'autorité de Dieu lui eft égale en tout ; qui embraffe auffi bien les vérités qui lui prefcrivent les croix & la mortification, l'amour des ennemis, & le pardon des injures, que celles qui lui propofent feulement la foi des myfteres ; qui ne met non plus de bornes à fon efpérance, qu'à la fidélité & à la puiffance de Dieu : qui tire de sa propre impuissance & de son néant même, un sujet de tout espérer (*a*), & qui espere plus encore pour les autres que pour soi-même, parce qu'elle les croit plus fideles & plus humbles ; qui souffre tout pour Dieu, parce que ce tout n'est rien, & que Dieu seul est tout (*b*) ; qui ne se lasse & ne se plaint jamais de trop souffrir pour son propre salut, & qui est prête, comme celle de l'illustre Genevieve, d'acheter celui du prochain aux dépens de tout.

Car alors, ô Sion ! les Gentils verront votre justice, & tous les Rois verront votre gloire.

Et vous porterez le nouveau nom, par lequel la bouche du Seigneur vous caractérisera.

℣. 2. *Et videbunt Gentes justum tuum, & cuncti Reges inclytum tuum.*

Suite du ℣. 2. *Et vocabitur tibi nomen novum quod os Domini nominabit.*

Si c'est véritablement à la naissance de la Religion Chrétienne, que les Rois & les peuples, frappés de l'éclat de celui qui est l'auteur de la sainteté, du salut & de la gloire de l'Eglise, se sont

---

(*a*) Deuxieme Epître aux Corinthiens, c. 12, ℣. 10.
(*b*) Pseaume 85, ℣. 8.

foumis à lui par la foi & par l'amour ;
fi c'eft par cette Eglife, qui a réuni les
Juifs & les Gentils, qui a formé la fainte
fociété des Juftes, qui a ceffé de porter
le nom de la Synagogue (*a*), pour prendre celui d'Eglife Chrétienne, en em-
pruntant fon nom du Chrift même ; fi
c'eft, dis-je, par cette Eglife que Dieu
a manifefté à toutes les nations fa ma-
jefté, & l'empire fouverain qu'il a fur
l'univers ; on ne peut pas moins ajouter
avec vérité, que c'eft par le miniftere
de l'illuftre Genevieve, que la Monar-
chie Françoife eft devenue *un état chéri
de Dieu, & l'objet de l'étonnement de
tous les Princes & de tous les Peuples, &
qu'elle a reçu de Dieu même un nouveau
nom*, puifqu'elle a été reconnue pour le
Royaume Très-Chrétien, & que fon
Souverain porte le nom de fils ainé de
l'Eglife.

Et qui ne fait que le zele de Genevieve ne fe borna pas en effet à la converfion de quelques particuliers, & qu'il
lui infpira la fainte hardieffe d'afpirer
à la conquête générale de la France, &
d'y entreprendre la ruine entiere de

(*a*) Ifaïe, c. 65, ⁊. 15.

l'Idolâtrie! Non contente d'avoir ravi au paganisme plusieurs familles, elle voulut lui enlever des Villes & des Royaumes entiers; & on vit de son tems, avec la plus grande admiration, non-seulement un homme & un grand Roi, mais tout un peuple qui marchoit dans les ténebres & dans l'ombre de la mort (*a*), recevoir enfin la grande lumiere de la foi & de la vérité (*b*).

Il est vrai que Sainte Clotilde travailla puissamment à ce grand ouvrage, & que ce fut cette pieuse Reine qui prépara l'esprit du grand Clovis; mais si cette femme fidelle eut le bonheur de sanctifier son mari, alors encore infidele (*c*), c'est qu'elle avoit été elle-même conduite & confirmée dans ce dessein par Sainte Genevieve.

Il est vrai que les plus grands Evêques de ce siecle contribuerent beaucoup à la conversion de ce Prince, & au salut de son Royaume. Mais on n'ignore pas que notre Sainte étoit comme l'intelligence qui conduisoit ces héros

---

(*a*) Luc, c. 1, ℣. 79.
(*b*) Isaïe, c. 9, ℣. 2.
(*c*) Premiere Epître aux Corinthiens, c. 7, ℣. 14.

du Christianisme, qui leur imprimoit
en quelque sorte le mouvement de l'action, qui leur fournissoit la matiere sur
laquelle ils devoient travailler, & qui
leur amenoit enfin les victimes qu'ils
devoient immoler à Dieu; tandis qu'elle-
même par la force de ses prieres & de
ses larmes, ouvroit le cœur de Dieu,
& lui faisoit répandre avec profusion sur
le Royaume de France, ses faveurs les
plus cheres, & ses bénédictions les plus
abondantes (*a*).

Aussi tous les Historiens de sa vie,
remarquent qu'elle étoit consultée par
les Prélats les plus distingués & les plus
saints; qu'elle avoit les liaisons les plus
intimes avec les plus grands serviteurs
de Dieu de son tems, qui respectoient
tous en elle le doigt de Dieu qui agis-
soit visiblement par son organe (*b*). Saint
Remi, qui fut l'Apôtre des François, la
nommoit sa propre sœur; il a fait d'elle
une mention honorable dans son testa-
ment, & il l'appelle la mere des pauvres, & l'une des plus grandes bienfai-

***

(*a*) Judith, c. 4, ℣. 8. Tobie, c. 3, ℣. 24.
Jonas, c. 2, ℣. 3. Zacharie, c. 13, ℣. 9.
(*b*) Exode, c. 8, ℣. 19.

trices de l'Eglise de Reims. Ceux même qui n'avoient jamais vu son visage selon la chair, comme Saint Paul le dit de lui-même (a), l'honoroient & l'aimoient selon l'esprit. L'admirable Saint Siméon Stylite, du haut de cette fameuse colonne où il vivoit près d'Antioche, apperçut plus d'une fois cette vive lumiere qui éclairoit les Gaules; & cet homme prodigieux, qui, comme impatient de demeurer sur la terre loin de Dieu, l'avoit quittée pour rapprocher du Ciel & son esprit & son cœur, ne put s'empêcher de tourner les yeux du côté de la France, pour y voir & y admirer, du moins en esprit, une si grande merveille.

Vous serez une couronne de gloire dans la main du Seigneur, & un diadême royal dans la main de votre Dieu.

℣. 3. *Et eris corona gloriæ in manu Domini, & diadema regni in manu Dei tui.*

Dieu exige quelquefois de ses Saints des choses dont le succès est humainement incertain, & même impossible; il les conduit par des voies où la nature ne voit qu'obscurité; ils y mar-

____

(a) Epître aux Colossiens, c. 2, ℣. 1.

chent presque seuls ; & cette singula-
rité leur attire souvent la censure, le
mépris & les insultes mêmes de leurs
proches & de leurs amis : mais c'est la
Foi, & non la nature qui est leur lumiere ; c'est la voix de Dieu, & non
celle du monde, qu'ils doivent écouter.
La Foi obéit avec simplicité, & elle
ne trouve rien d'impossible, quand Dieu
commande ; ni rien de difficile, quand
il promet (a).

Quelle étrange entreprise pour notre
jeune Sainte ! Quel contraste singulier !
Genevieve & Attila ! Une fille obscure,
pauvre, foible, & dénuée de tout secours ! & un homme fort, vaillant,
formidable, & marchant à la tête d'une
armée nombreuse & aguerrie ! Une Bergere douce, affable, modeste, & qui
ne connoît que la houlette & le fuseau ;
& un Héros magnanime, fier, orgueilleux, & qui porte par-tout le sang &
le carnage ! Genevieve, l'humble servante du Seigneur, & le puissant Attila,
le fléau de Dieu !

Seigneur, vos voies ne font pas nos

____

(a) Matthieu, c. 19, ℣. 26. Marc, c. 9,
℣. 2. Luc, c. 18, ℣. 27.

voies, & vos penfées ne font pas nos penfées ! Nous penfons en hommes, & vous agiffez en Dieu (*a*). *Genevieve va devenir dans vos mains une couronne de gloire, & un diadême royal dans la main de fon Dieu ;* parce qu'étant perfuadée qu'elle n'eft d'elle - même que foibleffe, elle tirera toute fa force de la main fouveraine, à laquelle elle s'abandonne (*b*).

Le barbare Attila, Roi des Huns, marchoit à la tête de cinq cens mille combattans. Il s'appelloit lui-même le fléau de Dieu, pour ajouter la terreur & l'effroi à la force & au fuccès de fes armes. Non content d'avoir ravagé plufieurs Provinces de l'Empire Romain, & fubjugué une grande partie de l'Allemagne, il étoit entré dans la France avec une armée formidable, rompant & renverfant, comme un torrent impétueux, toutes les digues & tous les obftacles qu'on oppofoit à fon paffage & à fa bouillante fureur. Les plus grands hommes & les plus faints Evêques n'avoient jamais pu ni ofé lui faire la

(*a*) Ifaïe, c. 55, ℣. 8, 9.
(*b*) Premier Livre des Machabées, c. 3, ℣. 6.

moindre réfiftance. Saint Loup, Evêque de Troyes, apprenant à Paris qu'il
alloit affiéger fa ville Epifcopale, s'efforça en vain, non de le repouffer &
de l'arrêter dans fa marche rapide, mais
feulement de le gagner & de le fléchir
par fa douceur & par fon éloquence.

« Venez, grand Roi, lui dit-il, vous
» qui êtes le fléau de Dieu, vous qui
» portez par-tout fes foudres & fes ton-
» nerres, entrez dans votre Ville; il eft
» jufte de vous honorer & de vous crain-
» dre, puifque vous êtes l'image du Tout-
» Puiffant, le miniftre de fa colere, &
» l'inftrument de fa vengeance ». C'é-
toit-là un pieux artifice que ce Saint Pré-
lat vouloit oppofer à la fureur du Tyran;
mais il ne lui fut pas donné de le domp-
ter & de le vaincre.

Il étoit réfervé à Genevieve d'arrêter
ce foudre de guerre par un charme tout
divin; & elle n'exige pour cela des
Habitans de Paris, qui craignoient une
incurfion prochaine fur leur Ville capitale, & qui penfoient déja de fe retirer avec leurs biens, pour fe mettre en
fûreté dans des places plus fortes, que
des prieres, des veilles & des jeûnes;
fe flatant de détourner, par ces pieux

ſtratagêmes , les fléaux de la colere de Dieu. Elle verſe elle-même des torrens de larmes ; elle en répand mille fois en ſecret devant Dieu, pour obtenir le ſalut & la conſervation d'un peuple qui lui fut toujours cher ; elle lui demande, par des vœux redoublés , de diſſiper l'armée formidable de ce ſuperbe Potentat : & déja , elle annonce aux Habitans de Paris , que leur Ville ſeroit conſervée , & que celles où ils prétendoient ſe retirer, ſeroient pillées & ſaccagées par les barbares. L'événement confirme la prédiction de la Sainte ; le Tyran diſparoît, les Huns ſe diſſipent , & Paris eſt ſauvé.

Ainſi le Seigneur voulut alors faire admirer à la France , par cette ſeconde Débora , de nouveaux combats & une nouvelle maniere de faire la guerre , en faiſant gouverner ſes armées par une femme , & en prenant pour ſoldats des hommes déſarmés , & ſeulement munis du bouclier de la Foi (*a*) , qui triompherent du plus formidable conquérant, défirent ſes armées preſque toujours victorieuſes , & battirent les plus vaillans

---

(*a*) Sageſſe, c. 5 , ℣. 20. Epître aux Ephéſiens, c. 6 , ℣. 16.

d'entre

d'entre les ennemis du peuple de Dieu. *Nova bella elegit Dominus* (a).

N'en foyons pas furpris, & glorifions-en le Seigneur ; le Ciel a combattu pour nous, parce que les prieres & les larmes de Genevieve l'avoient fléchi ; les étoiles, dit le texte facré, demeurant dans leur rang & dans leur cours ordinaire, combattirent contre Sizara, & lancerent contre lui les foudres & les éclairs ; & lorfqu'on ne voyoit que Genevieve feule combattre contre le féroce Attila, les aftres de l'Eternel formoient pour elle une armée invincible pour la feconder & pour la foutenir (b).

Apprenons de cet exemple fi frappant, que rien n'importe tant aux Souverains & aux Etats, que de conferver parmi eux ce petit nombre de gens de bien, qui arrêtent ou qui fufpendent par leurs larmes & par leurs prieres, les terribles effets de la vengeance divine fur les peuples. Souvent ces gens de bien font, ou inconnus ou méprifés, perfécutés & opprimés par les méchans; & ce font eux cependant qui obtien-

______

(a) Livre des Juges, c. 5, ♦. 8.
(b) Le même, ♦. 20.

C

nent de Dieu, pour ces méchans, ses plus grandes miséricordes ; & si ce fut en considération de la sainteté & des prieres d'Abraham, que Loth fut sauvé de l'embrâsement de Sodome (*a*), combien de fois la Capitale que nous habitons, auroit-elle éprouvé les plus terribles châtimens du Ciel, sans les mérites & les prieres de son illustre Patrone ?

Les Souverains nous défendent par leurs armes, & les Saints par leurs prieres : il faut des Moyse sur la montagne, tandis que les Josué combattent dans la plaine ; & c'est plus souvent par les gémissemens de nos pieux Solitaires, que par la valeur de nos soldats, qu'Israël triomphe, & qu'Amalec est mis en déroute (*b*).

On ne vous appellera plus la répudiée, & votre terre ne sera plus appellée la terre désolée.

Mais vous serez appellée ma bien-aimée ; & votre terre, la terre habitée.

℣. 4. *Non vocaberis ultrà derelicta, & terra tua non vocabitur amplius desolata.*

Suite du ℣. 4. *Sed vocaberis voluntas mea in ea, & terra tua inhabitata.*

______

(*a*) Genese, c. 19, ℣. 15.
(*b*) Exode, c. 17, ℣. 8, &c. Premier Livre des Rois, c. 14, ℣. 48.

Suite du ℣. 4. *Quia complacuit Domino in te , & terra tua inhabitabitur.*

Parce que le Seigneur a mis son affection en vous, & que votre terre sera remplie d'habitans.

Ce ne fut qu'après que Jérusalem eut été *répudiée , abandonnée , & déserte* pendant une longue suite d'années , qu'après avoir vu passer plusieurs générations dans l'affliction, l'oppression & les larmes, que tous les droits d'*épouse bien aimée, de ville peuplée & florissante,* lui furent rendus, & qu'elle *se vit servie par les étrangers ,* enrichie par les nations, *& comblée de louanges par toute la terre.* Et telle est aussi la conduite admirable de Dieu envers ses Saints ; les maladies , les calomnies, les épreuves les plus sensibles , font leur apanage sur la terre ; & ils ne peuvent être grands & puissans après leur mort, qu'autant qu'ils ont été frappés & humiliés pendant leur vie.

Une lèpre affreuse , & les calomnies les plus atroces, furent la récompense des vertus & de la tendre charité de Genevieve. Toute Sainteté doit être éprouvée : c'est par l'exercice que la tentation lui donne, qu'elle paroît ce qu'elle est ; & c'est par la victoire qu'elle remporte fur les tentations, qu'elle eft véritablement ce qu'elle doit être (*a*). Les Abraham (*b*), les Tobie (*c*), les Job (*d*), les Paul (*e*), & tous les Saints, fans exception d'un feul, ne fe font rendus agréables à Dieu, que par les fouffrances & par la patience héroïque qui les leur a fait fupporter (*f*).

Quel état que celui de Genevieve! Frappée d'une lèpre affreufe qui l'expofe aux plus étranges épreuves ; couverte, comme le faint homme Job, d'un ulcere effroyable depuis la plante des pieds jufqu'à la tête (*g*) ; infectée & fouffrante dans toutes les parties de fon corps ; abandonnée de fes amis & de fes proches, par l'horreur & l'averfion naturelle que ce mal infpire ; toutà-la-fois bannie de la fociété & des

----

(*a*) Deuxieme Epître aux Corinthiens, c. 12, ℣. 5, 9, 10.

(*b*) Genefe, c. 22, ℣. 1.

(*c*) Tobie, c. 2, ℣. 12.

(*d*) Job, c. 1, ℣. 12.

(*e*) Epître aux Romains, c. 5, ℣. 3, 4.

(*f*) Sageffe, c. 3, ℣. 5. Zacharie, c. 13, ℣. 9. Deuxieme Epître de Saint Pierre, c. 2, ℣. 9.

(*g*) Job, c. 2, ℣. 7.

temples (*a*), elle souffre sans émotion
& sans trouble, comme Job, la perte
de tout ce qu'elle a de plus cher (*b*).
Comme elle ne craint rien tant que de
plaire aux yeux des hommes, elle se
réjouit de leur causer des dégoûts; &
elle eût souhaité de bon cœur de demeurer dans cette belle & précieuse
difformité, pour ne plus être agréable
qu'aux yeux de son Epoux céleste, &
pour en être possédée entierement, sans
que les créatures y pussent rien prétendre. Elle porte sa croix aussi long-tems
que Dieu le desire, & avec tant de per-
fection, qu'elle mérite enfin d'en obtenir l'entiere guérison.

Craignons la maladie : elle nous expose à des dangers dont on ne se tire
que par le secours d'une grande vertu.
Que de plaintes ! que de relâchemens !
que de condescendances, quelquefois
légitimes, peut-être même nécessaires,
mais trop souvent suspectes, parce qu'on
les porte trop loin ! On interrompt les
exercices de la piété & de la pénitence,

(*a*) Levitique, c. 13, ℣. 49. Nombres, c. 5,
℣. 2.
(*b*) Job, c. 1, ℣. 21.

C iij

parce qu'on se laisse persuader que ces mêmes exercices, qu'il a été nécessaire de quitter durant le cours du mal, pour guérir, pourroient bien en avoir été la cause. On s'ouvre tous les chemins au relâchement par des inquiétudes, des murmures, des impatiences, des délicatesses outrées, des nécessités multipliées, par des soins trop empressés, pour éloigner tout ce qu'on s'imagine qui peut nuire : peut-être encore passe-t-on par-dessus les loix de l'Eglise, dans la seule idée que leur observation peut incommoder : on fait tout ce qu'on peut pour donner des marques de la foiblesse de sa foi ; & pour sauver la vie du corps, on risque celle de l'ame (*a*). On étouffe le nouvel homme, pour ne pas laisser mourir le vieux (*b*) : on demande à Dieu que son Royaume arrive (*c*) ; & l'on fait tous ses efforts pour n'y pas entrer, & pour s'en éloigner quand il veut nous l'ouvrir (*d*).

Heureuse mille fois la Sainte que nous

(*a*) Matthieu, c. 10, ℣. 28.
(*b*) Epître aux Ephésiens, c. 4, ℣. 22.
(*c*) Matthieu, c. 6, ℣. 10.
(*d*) Matthieu, c. 25, ℣. 1 , &c.

louons ! elle fut toujours paisible, réfignée, foumife à la fainte volonté du Seigneur (*a*), & ne chercha d'autre confolation, dans fes maux, que le fouvenir de ceux que Jefus-Chrift avoit foufferts fur la croix pour elle (*b*).

Si cette conduite de Genevieve nous paroît plus admirable qu'imitable, quoiqu'elle puiffe & doive être également admirée & imitée, fuivons au moins le confeil du docte Tertullien, qui nous apprend que fi tous les hommes ne peuvent pas fe couronner d'épines, pour imiter les fouffrances du Sauveur du monde, ils doivent au moins ne pas fe couronner de rofes, pour ne point déshonorer le fupplice d'un Dieu, par une moleffe indigne d'un Chrétien; & que même, dans la maladie, ils ne doivent être ni fenfuels, ni délicats, pour ne s'éloigner jamais de l'efprit de pénitence, qui doit régner dans toute la vie d'un Chrétien (*c*).

(*a*) Pfeaume 61, ℣. 6.
(*b*) Exode, c. 25, ℣. 40. Epître aux Philippiens, c. 2, ℣. 5.
(*c*) Tertullien, *Pudeat fub fpinato capite, membrum fieri delicatum.*

Une épreuve plus dure encore devoit exercer Genevieve; c'est celle de la calomnie : épreuve terrible, qui a toujours inspiré de la terreur aux plus justes (*a*). Le Roi Prophête demandoit instamment à Dieu d'en être délivré (*b*); & Salomon nous assure qu'elle trouble le sage, & abat la fermeté de son cœur (*c*).

Et en effet, quoi de plus capable de troubler un homme sage, qui est véritablement à Dieu, & d'abattre la fermeté de son cœur, que de voir noircir sa réputation par des calomnies atroces, & de passer pour un ennemi de la foi & de la justice, lorsqu'il est porté à donner sa vie pour l'une & l'autre? Quoi de plus propre à abattre notre esprit, à nous plonger dans la tristesse & le découragement, & à nous porter même au vice & au désordre, que la calomnie, sous le prétexte spécieux qu'elle nous fournit elle-même, que nous ne perdrons plus rien en faisant les choses dont on nous soupçonne; & qu'il n'y

---

(*a*) Pseaume 118, ℣. 134.
(*b*) Pseaume 119, ℣. 2.
(*c*) Ecclésiaste, c. 7, ℣. 8.

a point de risque à courir pour notre réputation, en devenant véritablement ce que l'on nous croit être, puisqu'on nous traite déja comme si nous l'étions.

Genevieve étoit trop affermie dans la vertu, pour donner dans un piége si grossier : elle se contente de rentrer en elle-même, & d'examiner ce qu'elle est devant Dieu ; & dès-lors, elle est peu touchée de ce qu'elle n'est point : elle n'a que de l'indifférence pour de faux reproches qu'elle voit détruits par la sincérité de son cœur & par le témoignage de sa conscience (*a*). En vain le Démon & les hommes s'efforcent de rendre sa vertu suspecte, fausse & hypocrite : elle reconnoît que c'est Dieu qui permet qu'on la traite de la sorte ; & loin de se plaindre, elle se contente de dire avec le Prophête : » Mes en- » nemis me maudiront, Seigneur, & » vous me bénirez : que ceux qui » s'élevent contre moi soient couverts » de honte ; mais votre serviteur sera » dans la joie (*b*) «. Elle se fait une

---

(*a*) Deuxieme Epître aux Corinthiens, c. 1, ℣. 12.
(*b*) Pseaume 108, ℣. 28.

C v

gloire d'être traitée comme son Maître, qui n'a permis qu'on l'appellât hypocrite, Samaritain (*a*), & séducteur du peuple (*b*), que pour consoler ses serviteurs, qui devoient être traités de la sorte (*c*).

Aussi sa soumission aux ordres de Dieu & sa profonde humilité attendrissent bientôt le Seigneur, & l'orage se dissipe. Saint Germain d'Auxerre démasque l'imposture : il prend cette Sainte sous sa protection, rend témoignage à sa vertu (*), & la remet dans

---

(*a*) Jean, c. 8, ℣. 48.
(*b*) Matthieu, c. 27, ℣. 63.
(*c*) Saint Augustin, dans son Traité sur les Pseaumes, au soixante-troisieme, ℣. 7.

(*) Les Historiens rapportent que les ennemis les plus acharnés de Sainte Genevieve, qui l'avoient traitée de visionnaire & de fausse Prophétesse, & qui avoient poussé leur rage jusqu'à vouloir attenter à sa vie, furent changés & convertis à l'arrivée de l'Archidiacre d'Auxerre, qui leur montra les Eulogies (¶) qu'il apportoit à Genevieve de la part de Saint Germain : ils renoncerent dès ce moment à leurs mauvais desseins contre elle ; & quand

(¶) Les Eulogies étoient des présens de choses bénites que l'on s'envoyoit fréquemment en ces tems-là, pour marque d'union & d'amitié.

la vénération due à sa sainteté, que la persécution, la maladie & la calomnie firent paroître d'autant plus éclatante, qu'ils la montrerent plus solide (*a*).

Ainsi on est toujours prêt, dans le monde, à censurer la conduite des Saints : on n'a pour leurs démarches que des yeux de rigueur & de malignité : on veut les rendre garans de tous les mauvais succès des entreprises où ils ont eu quelque part ; & leur zèle est indiscret, du moment qu'il n'est pas heureux.

Enfin il suffit presque d'être homme de bien, pour ne trouver plus d'indulgence sur la terre ; & je ne sais si c'est haine de la vertu, ou amour de nous-mêmes : mais nous ne manquons jamais d'appercevoir des foiblesses dans les

---

ils virent que l'événement avoit confirmé sa prédiction, & que les Huns, conduits par Attila, n'approchoient point de la ville de Paris, tandis qu'ils avoient ruiné & saccagé les Villes où les Parisiens avoient d'abord résolu de se retirer, contre l'avis de leur pieuse Concitoyenne, ils n'eurent plus pour elle, jusqu'à la fin de sa vie, que des sentimens de vénération, de respect, d'estime & de confiance.

(*a*) Genese, c. 22, ⍑. 11.

Saints ; soit parce qu'à force de les croire justes, nous exigeons presque aussi qu'ils ne soient plus hommes ; ou que ne pouvant parvenir à leur ressembler, nous tâchons du moins de nous persuader qu'ils nous ressemblent eux-mêmes.

Il seroit bien plus sage d'adorer en toutes choses les desseins impénétrables de la Providence (*a*), de raisonner moins, & d'agir davantage (*b*), & de se convaincre une bonne fois que les succès sont à Dieu (*c*), & qu'ils ne sont promis qu'à notre fidélité (*d*).

Car vos jeunes gens épouseront de jeunes Vierges ; & vos enfans se marieront pour faire croître votre postérité.

℣. 5. *Habitabit enim juvenis cum Virgine, & inhabitabunt in te filii tui.*

L'époux trouvera sa joie dans son épouse, & votre Dieu se réjouira dans vous.

Suite du ℣. 5. *Et gaudebit sponsus super sponsam, & gaudebit super te Deus tuus.*

Les afflictions de cette vie sont comme un feu qui purifie les justes (*e*), qui leur

---

(*a*) Epître aux Romains, c. 11, ℣. 33.
(*b*) Ecclésiastique, c. 3, ℣. 22.
(*c*) Premier Livre des Rois, c. 3, ℣. 18.
(*d*) Proverbes, c. 28, ℣. 20.
(*e*) Sagesse, c. 3, ℣. 6.

fait connoître le prix & le mérite de la foi, en augmente l'éclat & la pureté, & leur fait acquérir, non-feulement de la gloire aux yeux des hommes, pendant leur vie ; mais les rend dignes de louanges, d'honneur & de gloire, au jour de l'avénement glorieux de Jefus-Chrift (*a*). Nous ne faurions donc affez louer Dieu de cette invention admirable de fa fageffe, qui nous fait fouffrir la perte de tous les biens, & furmonter la violence de tous les maux, puifqu'elle eft également la gloire du jufte & le triomphe de la foi (*b*).

Cette grande vérité paroît dans tout fon jour ; & nous en ferons convaincus, fi nous examinons la conduite de Dieu à l'égard de Sainte Genevieve, qui, après avoir vécu avec une fidelité inviolable, un courage intrépide & une fouveraine tranquillité, au milieu des opprobres, des contradictions & des mauvais traitemens, devient un fpectacle digne de la vénération des hommes, de

____

(*a*) Deuxieme Epître de Saint Pierre, c. 1, ℣. 7.

(*b*) Premier Livre des Paralipomenes, c. 16, ℣. 8.

l'admiration des Anges & des yeux de Dieu même (*a*).

Deja la sainteté extraordinaire de sa vie est récompensée par le don des miracles; cette vertu l'accompagne par-tout, & l'on vient de toutes parts implorer son puissant secours (*b*); une odeur de vie se répand malgré elle (*c*), elle porte une vertu secrete, qui opere les guérisons les plus désespérées (*d*); le monde entier est rempl du bruit de son nom; &, comme son divin Maître, c'est de l'obscurité même de sa retraite, qu'elle est transportée sur le sommet du Temple, pour être exposée aux yeux de tout l'univers (*e*).

Cette fille simple, pauvre, humble, née dans l'obscurité, nourrie dans l'ignorance, soumise par sa destinée à toutes les créatures, & s'abaissant encore, par un motif de foi au‑dessous même de sa bassesse; cette foible Bergere, devient tout‑à‑coup la conductrice

---

(*a*) Premiere Epître aux Corinthiens, c. 4, ℣. 9.

(*b*) Jean, c. 4, ℣. 20.

(*c*) Cantique des Cantiques, c. 1, ℣. 3.

(*d*) Luc, c. 6, ℣. 19.

(*e*) Matthieu, c. 4, ℣. 5.

des hommes (*a*), la lumiere de ceux qui font dans les ténebres, & l'oracle des favans comme des ignorans (*b*). Sa pénétration dans les voies de Dieu fur les ames, lui fait découvrir les confeils des cœurs (*c*), & voir clair dans l'abîme des confciences (*d*). Le cœur des Princes & des peuples eft, pour ainfi dire, dans fes mains ; & on ne peut réfifter à la fageffe & à l'efprit qui parle en elle (*e*).

Mille pécheurs, frappés de fes remontrances, expient leurs paffions criminelles ; & autant de juftes, attirés par fes exemples, donnent une nouvelle activité à la grace de leur vocation ; on diroit que fa parole eft tout à-la-fois une odeur de mort pour l'iniquité, & une odeur de vie pour la juftice (*f*). Rien ne réfifte aux vœux, aux larmes, & aux prieres de notre Sainte. Souveraine de toutes les créatures, elle con-

---

(*a*) Jérémie, c. 29, ℣. 26.
(*b*) Baruch, c. 3, ℣. 14.
(*c*) Premiere Epître aux Corinthiens, c. 4, ℣. 5.
(*d*) Eccléfiaftique, c. 23, ℣. 28.
(*e*) Actes, c. 6, ℣. 10.
(*f*) Deuxieme Epître aux Corinthiens, c. 2, ℣. 16.

duit au tombeau & en rappelle à son gré (*a*) ; elle commande aux vents & aux flots (*b*), elle arrête l'impétuosité des flammes, elle ferme la bouche aux lions, & leur ôte la force, elle triomphe des démons & de l'enfer, & devient la dépositaire de la puissance de Dieu sur la terre (*c*) ; elle est, par lui, la résurrection & la vie (*d*) ; elle fait voir les aveugles, parler les muets, ouir les sourds, marcher les boiteux (*e*) ; elle dissipe les orages ; elle ôte à des breuvages mortels tout ce qu'ils ont de nuisible (*f*) ; imprime à son ombre même une force toute-puissante (*g*), & exhale une vertu qui opere des prodiges sans nombre.

Nouvel Elie, elle ouvre ou resserre les cataractes du Ciel ; elle change ou rétablit l'ordre des saisons ; elle ferme & rouvre les Cieux à son gré (*h*) ; par-

---

(*a*) Tobie, c. 13, ℣. 2.
(*b*) Luc, c. 8, ℣. 25.
(*c*) Epître aux Hébreux, c. 11, ℣. 34.
(*d*) Jean, c. 11, ℣. 25.
(*e*) Matthieu, c. 11, ℣. 5.
(*f*) Marc, c. 16, ℣. 18.
(*g*) Actes, c. 5, ℣. 15.
(*h*) Epître de S. Jacques, c. 5, ℣. 17 & 18.

tout fon obfcurité eft fuivie d'une réputation éclatante; fa candeur & fa fimplicité
font relevées par le don d'intelligence;
fa pénitence & fon infirmité font invef-
ties d'hommages & de gloire. Les peuples fortent en foule pour voir Genevieve, & la reçoivent avec les plus
vives acclamations, & la pompe la plus
folemnelle; les cours des Princes mêmes, fi peu indulgentes à la fainte folie
de la Croix, lui rendent des honneurs,
qu'on n'y rend guere qu'à la fageffe du
fiecle, & la traitent avec toutes les dif-
tinctions & les égards dûs à fa vertu.

On fe trompe donc lorfqu'on penfe
que la fainteté ne peut plaire au monde.
Les véritables Saints peuvent bien être
incommodes au fiecle, parce que leurs
exemples le condamnent (*a*); mais dans
le fond, ils n'y font guere méprifés.
La vraie piété, felon Jefus-Chrift, quelque part qu'elle fe trouve, à je ne fais
quoi de noble & de grand, qui fait qu'on
l'eftime, lors même qu'on ne veut pas
l'imiter. C'eft peu connoître le monde,
que de prétendre nous faire honneur
auprès de lui de nos miferes & de nos

______

(*a*) Sageffe, c. 5, ℣. 3, &c.

foiblesses ; tout corrompu qu'on le croit, il est encore assez équitable, pour exiger de nous des exemples de régularité, & pour faire de la vertu même une bienséance à certains états ; & le plus sûr moyen d'éviter son mépris, c'est de ne suivre pas ses maximes.

La vie de Genevieve & ses actions ; sa mort & l'accroissement de son culte, démontrent cette vérité, puisque rien n'est si cher aux François que sa glorieuse mémoire ; puisque rien, après Dieu, ne leur est plus utile & plus précieux que les saintes dépouilles de cet Ange de la terre, que leur Capitale a enfermé dans ses murs.

Genevieve en effet, semble n'être morte que pour elle-même, & pour aller recevoir la récompense qui étoit due à sa haute sainteté (*a*). Mais elle vit encore dans le Ciel pour la paix, pour le bonheur, pour la tranquillité de cette Capitale qui lui donna naissance. Et peut-elle ignorer, cette Capitale, si elle consulte ses annales & ses fastes, que la mémoire de cette Sainte, depuis plus de douze siecles qu'elle a été

____

(*a*) Pseaume 126, ℣. 2.

reçue dans les bras de son époux immortel (*a*), a toujours été vivante dans l'esprit des François, & que le trépas qui a rendu son corps incapable de produire des actions naturelles, ne l'a jamais empêché d'en produire de surnaturelles & de miraculeuses ? Peut-elle ignorer que mille & mille fois on a vu ses cendres précieuses, rendre la vie, la santé & la vigueur (*b*) ? que la dévotion du peuple, qui a accouru de toutes parts à son sépulcre glorieux (*c*), est devenue si ardente & si célebre, que ce tombeau a donné son nom à tout le Temple ? que le corps de l'illustre Genevieve a été élevé sur une colonne & au plus haut lieu de ce Temple auguste ? que tous nos Rois sont venus lui rendre leurs hommages, & reconnoître sa puissante protection ? qu'ils ont plus d'une fois arraché les pierres les plus précieuses de leurs couronnes pour enrichir sa châsse (*d*) ? que tous les François, à leur exemple, mais plus particulierement les

---

(*a*) Osée, c. 2, ℣. 19.
(*b*) Ecclésiastique, c. 46, ℣. 14.
(*c*) Isaïe, c. 11, ℣. 10.
(*d*) Pseaume 71, ℣. 10, 11.

habitans de Paris, ont toujours eu une dévotion tendre & solide, fervente & durable, pour l'incomparable Genevieve, qui n'est pas moins l'ornement que la félicité de cette Capitale du Royaume.

Et pourroit-elle jamais compter combien de fois elle a dû à la présence & à la force de ses cendres miraculeuses, sa conservation, son salut, & sa grandeur ? N'ont-elles pas défendu ses murailles contre la fureur des Huns, des Vandales, des Normands, & de tant d'autres puissans ennemis qui avoient conjuré sa ruine ? n'ont-elles pas arrêté les inondations de la Seine, & suspendu la fureur de ses flots ? appellé du Ciel la pluie ou la sérénité dans ses pressans besoins ? fait sortir l'abondance du sein de la terre, & dissipé les malignes impressions de l'air (*a*) ? N'avouera-t-elle pas enfin, que l'histoire entiere de la France, ne semble faire mention de guerres, de maladies & de calamités de toutes les especes, que pour nous faire connoître l'étendue, & comme l'immen-

------

(*a*) Troisieme Livre des Rois, c. 8, ℣. 37.

fité de la grande puiffance de Genevieve ?

Sufpendons pour un moment ce récit
fi glorieux à notre Sainte , & fi flateur
pour la Nation Françoife , pour fixer
toute notre attention fur le feul miracle
des Ardens , fi célebre par la fondation
d'une Paroiffe de Paris , & par l'infti-
tution folemnelle qu'en a fait un grand
Pape , d'une Fête particuliere (*a*). Com-
battons par un fait évident, & configné
dans toutes les archives de la Monar-
chie , la fauffe délicateffe du fiecle fur
les événemens qui tiennent du prodige.
Car aujourd'hui , on veut voir pour
croire : on laiffe au peuple la fimplicité
& la candeur ; & la religion de ceux
qui fe piquent de raifon, n'eft plus qu'une
religion de rafinemens & de doutes :
fous prétexte de bon goût, on tombe
dans le libertinage d'efprit ; & en s'ac-
coutumant à douter des faits indifférens,
on doute tôt ou tard des néceffaires. Apprenons à ce fiecle incrédule & per-

---

(*a*) Ce miracle s'opéra en 1131 ; & l'année
fuivante, Innocent II vint en France , en ordonna la célébration , & en affigna la Fête
au vingt-fixieme jour du mois de Novembre.

vers, que tout eſt poſſible à Dieu (*a*) ; qu'on ne peut refuſer une créance entiere aux prodiges des Saints, dès que Dieu les revêt de ſa puiſſance (*b*) ; & qu'on ne peut combattre ſans une téméraire préſomption, le miracle frappant dont nous entreprenons le récit, & ſans renoncer à la foi de pluſieurs ſie·cles, au témoignage de ſes peres (*c*), & à l'évidence la plus entiere. .

Tous les Hiſtoriens de la France nous apprennent que ſous le règne de Louis-le-Gros, Paris fut frappé d'une plaie ignominieuſe & incurable ; c'étoit un feu ſurnaturel & comme inviſible ; une maladie ardente & cruelle qui conſumoit ſes habitans, & qui les dévoroit juſqu'à la moëlle des os, par des flammes ſecretes & inſupportables, telles que celles dont parle le Prophête : *Sagittas ſuas ardentibus effecit* (*d*).

Cette maladie, juſqu'alors inouie, n'épargnoit ni âge, ni ſexe, ni naiſſance, ni dignité ; la déſolation étoit

---

(*a*) Matthieu, c. 19, ℣. 26.

(*b*) Deuxieme Epître aux Corinthiens, c. 9, ℣. 8.

(*c*) Deutéronome, c. 4, ℣. 32.

(*d*) Pſeaume 7, ℣. 14.

commune, & les Palais des Grands, comme les chaumieres des pauvres, étoient remplis de malades & de mourans.

Comme dans l'infortunée Jérufalem, dont Ifaïe nous peint les malheurs, on voyoit dans Paris, *l'époux féparé de fon époufe, les peres de leurs enfans, & la dépopulation étoit générale.*

Toutes les rues retentiffoient des gémiffemens & des cris lugubres d'une foule de malheureux, qui voyoient peut-être fervir à la juftice divine, par les douleurs extrêmes qu'ils fouffroient, ces mêmes corps qu'ils avoient tant de fois fait fervir à l'injuftice & au péché (*a*). Tous les remedes de l'art étoient inutiles, rien ne pouvoit ralentir l'ardeur de ce feu dévorant (*b*) ; & quatorze mille perfonnes en avoient été les déplorables victimes.

Déja l'Evêque de Paris (*c*), comme

(*a*) Epître aux Romains, c. 6, ℣. 19.
(*b*) Eccléfiaftique, c. 18, ℣. 16; & chap. 43, ℣. 3.
(*c*) Cet Evêque s'appelloit Etienne ; & il étoit fort recommandable par fa tendre charité pour les pauvres, & par fes vertus perfonnelles.

un Pasteur tendre & vigilant, s'étoit mille fois offert, comme un autre Moyse, pour être la victime de son peuple : il avoit demandé à Dieu d'être effacé lui-même du livre des vivans (a) ; il s'é-toit efforcé par toutes sortes d'humilia-tions & de pénitences, de détourner le glaive vengeur qui étoit levé sur la tête de son peuple (b) ; & ce fut enfin aux pieds de l'Autel qu'il prit la résolution de recourir à la puissante Genevieve.

La regardant dès-lors comme l'Ange tutélaire de la France (c), & ne pensant plus qu'à recourir à elle dans ses plus pressantes nécessités, il monte avec son Clergé sur cette montagne miraculeuse, où reposent les cendres de Genevieve ; on les fait descendre de cette éminence, où elles sont exposées à la vénération des Fidéles ; on les porte en procession, au milieu d'une foule de malades, qui s'étoient traînés, par un esprit de foi & de confiance pour leur auguste Patrone : on admire bientôt la merveilleuse force

____

(a) Exode, c. 32, ℣. 31.
(b) Nombres, c. 14, ℣. 18, &c. Deuté-ronome, c. 9, ℣. 18, 26, &c.
(c) Job, c. 33, ℣. 23.

de

de la foi des Fideles, ou plutôt la pro-
digieufe puiffance de Sainte Genevieve;
& tout de même qu'autrefois, lorfque
Dieu fit fortir de la terre des flammes
vengereffes pour châtier le peuple d'Ifraël qui avoit murmuré contre Moyfe,
Aaron ne parut pas plutôt, avec l'en-
cenfoir à la main, entre les vivans &
les morts, comme parle l'Ecriture, qu'il
appaifa, par fes prieres, la colere de Dieu,
& qu'il arrêta l'ardeur & l'activité du feu,
dont déja plus de quatorze mille perfonnes avoient été déja confumées (*a*). De
même, la châffe précieufe, où les Reliques facrées de notre Sainte font ren-
fermées, ne parut pas plutôt à la def-
cente de la Montagne, & dans la place
qui fervoit pour lors de Parvis à l'E-
glife Cathédrale de Notre-Dame, où
l'efpérance fondée d'une guérifon mira-
culeufe, avoit attiré une multitude prefque innombrable de malades & de mo-
ribonds, qu'elle fit ceffer cette grande
plaie dont ils étoient frappés depuis long-
tems; qu'elle éteignit ces feux ardens
qui les confumoient; & qu'enfin, à la

____

(*a*) Nombres, chap. 16, ℣. 46, 47, &c.
Sageffe, c. 18, ℣. 21.

D

réserve de trois incrédules, également impies & obstinés, elle obtint une guérison & une santé parfaite pour tous les autres.

N'est-ce pas véritablement alors que les Habitans de cette Capitale, auparavant défolée & languissante, virent s'accomplir à la lettre la prédiction flateuse d'Isaïe sur Jérusalem ? *Vos jeunes gens épouseront de jeunes Vierges ; vos enfans se marieront, pour faire croître votre postérité ; l'époux trouvera sa joie dans son épouse, & votre Dieu se réjouira en vous.*

Les plus tendres embraffemens & la joie la plus parfaite, suivirent de près cet événement à jamais mémorable : le jeune homme & le vieillard, les enfans & les peres, l'époux & l'épouse jouirent d'un calme parfait, & d'un bonheur d'autant plus grand, qu'il étoit plus inefpéré. Des alliances fans nombre repeuplerent la Capitale ; & ce défert, trop long-tems defféché par les ardeurs d'un feu brûlant, reprit, fous les aufpices de Genevieve, & par la puiffante protection du Seigneur, fa fraîcheur & fa verdure (*a*), produifit des fleurs pré-

____

(*a*) Pseaume 102, ℣. 5.

cieufes & des fruits abondans (*a*), &
s'eft vu rempli dans la fuite des tems
de près d'un million d'habitans (*b*).

Ne nous contentons pas de rappeller avec reconnoiffance, & d'admirer
même ce miracle frappant, que Dieu
a opéré dans Paris, par l'interceffion
de fon illuftre Patrone. Craignons encore ces flammes dévorantes, au milieu defquelles nous vivons, puifque
cette Capitale en eft le foyer, & que
ces feux font d'autant plus dangereux,
qu'ils n'épargnent ni les ames ni les
corps (*c*) ; & perfuadons-nous bien que
Paris, cette Ville immenfe, ainfi que
le monde tout entier, peut n'être pour
une ame Chrétienne, qu'un grand &
vafte défert.

Judith, au milieu de Béthulie, vivoit
dans le fecret de fa maifon ; & ni le rang
qu'elle tenoit parmi fon peuple, ni fa
jeuneffe, ni fa beauté, ni fes grands
biens, ne purent jamais lui perfuader
que les plaifirs & les ufages d'un monde
corrompu, puffent devenir une loi, ou

(*a*) Joël, c. 2, ℣. 22.
(*b*) Ifaïe, c. 49, ℣. 19, &c.
(*c*) Pfeaume 105, ℣. 18.

D ij

une bienséance même pour une fille d'A-braham (*a*).

Mais pour suivre son exemple, il faut avoir la force & la fermeté de sa vertu; il faut que les exemples même de dé-réglement, qui s'offrent sans cesse à nous, raniment notre foi, & deviennent pour nous un nouveau motif de persévérer dans la piété; il faut que les penchans qui nous portent au plaisir, soient moins violens que les desirs qui nous inclinent à la justice; il faut que l'épreuve, mille fois faite de notre fidélité au milieu des périls, nous serve de garant contre ceux que nous avons à craindre; il faut que nos résolutions aient toujours été vic-torieuses des occasions, & que les nou-velles séductions, que le monde n'a cessé de nous offrir, soient devenues pour nous de nouveaux sujets de mérite.

Si nous nous reconnoissons à ces traits, les périls du monde & les flammes, au milieu desquelles nous nous trouvons dans cette vaste Capitale, ne nous nui-ront pas, comme aux trois enfans de la fournaise de Babylone (*b*); & la ville

---

(*a*) Judith, c. 8, ⅴ. 5, &c.
(*b*) Daniel, c. 3, ⅴ. 24.

de Paris, toute immenfe qu'elle eft, & toute corrompue qu'elle peut être, aura pour nous toute la fûreté & tous les avantages de la plus auftere folitude ; parce que ce font bien plus nos penchans que notre fituation, qui décident de nos périls (*a*), & que, comme la vigilante Geneviève, nous pouvons nous fauver dans le monde, en prenant les fages précautions qu'elle a prifes pour affurer fon falut (*b*).

℣. 6. *Super muros tuos, Jerufalem, conftitui cuftodes ; totâ die, & totâ no<ce, in perpetuum non tacebunt.*	J'ai établi des gardes fur vos murs, ô Jérufalem ; ils ne fe tairont jamais ni durant le jour, ni durant la nuit.

Quelle affurance plus flateufe pour Jérufalem, lorfqu'à la place de ces anciennes fentinelles, qui étoient toutes aveugles, muetes, intéreffées, plongées dans l'oifiveté & les délices, fans fcience & fans zele, & qui avoient attiré par ces vices énormes la ruine de Juda (*c*), Dieu lui fait promettre *qu'il fufcitera*

(*a*) Epître de Saint Jacques, c. 1, ℣. 14.
(*b*) Premiere Epître aux Corinthiens, c. 7, ℣. 31.
(*c*) Ifaïe, c. 56, ℣. 10, 11, 12.

dans elle une suite de Prophêtes &
d'hommes divins, comme *autant de
gardes* & de surveillans pour sa sûreté,
qui, entrant dans les mêmes sentimens
de zele qu'Isaïe vient d'exprimer, *ne
cesseront jour & nuit* de rappeller à Sion
ces promesses si intéressantes, & de
perpétuer le souvenir des miséricordes
du Seigneur sur elle, pour les faire passer
d'âge en âge, & jusqu'aux générations
les plus reculées ?

Heureux habitans de cette Capitale !
ces promesses sont pour vous ; & bien
mieux que les citoyens de Jérusalem,
vous les voyez s'accomplir & se réali-
fer, soit dans l'ordre civil, soit dans
l'ordre moral, dans la vaste enceinte de
vos murs.

Et certes, ne fût-ce que l'illustre Monarque qui nous gouverne (*a*), que n'a-
vons-nous pas à nous promettre sous
un Souverain plus jaloux de la gloire de
Dieu, dont il tient son Sceptre & sa
Couronne, que de la sienne propre !
Toujours attentif à l'honorer, à répandre son culte, à faire respecter la Religion, autant par ses exemples que par

____

(*a*) Louis XVI.

ses Loix ; plein d'amour & de tendresse pour ses Sujets, & uniquement occupé à faire le bonheur de ses peuples, les gouvernant avec bonté, avec justice, avec équité ; faisant régner dans ses Etats l'abondance, le bon ordre, la sûreté publique ; encourageant les talens, ranimant les Arts, & signalant de concert avec son auguste Epouse (*a*), & avec les Princes & les Princesses qui ornent sa Cour, tous les momens de la vie, par des traits de bonté, de bienfaisance, d'humanité : *Super muros tuos, Jerusalem, constitui custodes ; totâ die & totâ nocte in perpetuum non tacebunt.*

Que n'a-t-on pas lieu d'attendre de ces hommes distingués (*b*), qui ne sont rien moins que les organes de la puissance souveraine, & dont la noble destination est de faire chérir leur Prince, honorer sa personne & respecter son autorité ; de former, pour sa défense & pour le bonheur de l'Etat, des guerriers braves, sans férocité, & remplis d'un véritable honneur ; de conserver

----

(*a*) Marie-Antoinette, Archiduchesse d'Autriche, Reine de France.
(*b*) Leurs Excellences les Ministres.

& d'accroître fes Finances, pour parer aux malheurs des tems & à la bouillante fureur de fes ennemis ; de ne confier les emplois qu'à ceux qui font dignes de les occuper & capables de les remplir ; d'entretenir le bon ordre, la paix & l'union parmi leurs citoyens ; de veiller fur eux, de leur procurer la falubrité de l'air, & la plus grande fûreté, par une police toujours fage, prudente & éclairée ; & de former enfin, par un zèle également actif & foutenu, des artifans induftrieux, des domeftiques fidéles, des maîtres débonnaires, des enfans foumis, des peres édifians, des hommes, en un mot, embrafés d'amour pour Dieu, pénétrés d'eftime pour la vertu, remplis d'ardeur pour le fervice de leur Roi, unis entre eux par les liens de la charité, & concourant tous enfemble à l'utilité & au bien du Corps entier de la Nation Françoife ?

Que *de gardes* & d'illuftres furveillans cette Capitale ne trouve-t-elle pas dans cette Cour Souveraine (*a*), toujours attentive à conferver la Religion

---

(*a*) Noffeigneurs de la Cour du Parlement.

de nos peres, à rétablir les mœurs publiques, & à marquer du sceau de son indignation, ces ouvrages impies & licencieux qui ne cessent d'inonder la Capitale & toute la France, & qui ont causé les ravages les plus déplorables dans toute l'Eglise ? — Dans ces hommes grands, riches & pieux (*a*), qui viennent de former une Société de littérature & de vertus, pour apprendre à notre siécle que les talens ne doivent être employés qu'à des choses saintes, utiles, édifiantes, & propres au bien public ; & que les récompenses ne sont dues qu'à ceux dont les riches productions ne tendent qu'à honorer Dieu, à servir le prochain, & à secourir le pauvre & l'artisan, pour en faire des sujets également chers à la Religion & précieux à l'Etat. — Dans ces charitables Samaritains de l'un & de l'autre sexe (*b*), aussi recommandables par leurs vertus que par leur rang, qui, joignant à la plus solide piété le cœur le plus humain, ne savent goûter que le seul

____

(*a*) Les Fondateurs des nouveaux Prix de l'Académie.
(*b*) Luc, c. 10, ℣. 33, &c.

D v

plaisir délicieux d'essuyer des larmes, d'appaiser les troubles domestiques, de réunir les familles éparses, & de consacrer généreusement, soit dans les asyles publics de la misere, soit dans les réduits obscurs des Paroisses, leur tems, leurs soins & leurs peines, aux besoins toujours multipliés des misérables (a) : *Super muros tuos, Jerusalem, constitui custodes ; totâ die & totâ nocte in perpetuum non tacebunt.*

Si nous passons de l'ordre civil à l'ordre moral, quelle vigilance, quel zèle, quelle piété n'admirerons-nous pas dans ce vertueux Pontife, qui, dès son entrée dans le Siége Archiépiscopal de Paris, a voulu nous annoncer les plus beaux jours, par la droiture de son cœur, par son attachement à la Religion, par une douceur non commune qui lui a gagné tous les cœurs, & dont la vraie piété se promet tout (b) ! — Dans ce noble & vénérable Clergé, également distingué par les talens, la science & les vertus, destiné à offrir jour & nuit

____

(a) Les Tréforiers des Œuvres-Pies.
(b) Antoine-Eléonor-Léon le Clerc de Juigné, Archevêque de Paris.

à Dieu, fous les aufpices de la Reine
du Ciel, les vœux de toute la Nation dans le premier Temple de la
Capitale : *Totâ die & totâ noîte non
tacebunt* (a). — Dans les Pafteurs de cette
Cité immenfe, & des vaftes contrées
qui l'environnent, qui portent le poids
du jour & de la chaleur (b), pour procurer le bien fpirituel & temporel des
peuples confiés à leurs foins, & qui
leur tracent fi puiffamment, par leurs
exemples, la route du falut (c). — Dans
ces hommes rares, & qu'on peut ap-
peller les foutiens de l'Eglife, puifqu'ils
font chargés du foin de former fes Miniftres, fes Pafteurs & fes Pontifes,
également armés d'une fainte intrépi-
dité pour repouffer ces hommes avides
& téméraires qui voudroient, contre
l'ordre de Dieu, forcer les barrieres
facrées, & toujours empreffés à ouvrir
les portes du Sanctuaire aux dignes Lévites que la voix du Seigneur appelle au
Miniftere augufte des Autels (d). — Dans

____

(a) La Métropole.
(b) Matthieu, c. 20, ℣. 12.
(c) Meffieurs les Curés.
(d) Les Séminaires.

cette favante Ecole, tant de fois con-
fultée par l'Eglife & par nos Rois, que
fes combats & fes triomphes ont rendue
fi célebre dans tout le monde Chrétien,
parce qu'elle a toujours veillé & qu'elle
veille encore, avec un courage infati-
gable, à la confervation du dépôt facré
de la Foi, en renverfant de toutes parts
les efforts mille fois redoublés des ennemis de *la fainte Sion* (a). — Dans ces
hommes vénérables, favans & pieux,
qui font confacrés à l'inftruction de la
jeuneffe, & dont les fonctions importantes ne tendent à rien moins qu'à
préparer à l'Eglife & à l'Etat, des
Miniftres éclairés, des défenfeurs intré-
pides, des Citoyens fidéles, des Chrétiens vertueux (b). *Totâ die & totâ nocte
in perpetuum non tacebunt.*

Quelle reffource cette grande Ville
ne trouve-t-elle pas dans ces fervens &
pieux Cénobites, également néceffaires
& utiles au foutien de l'Eglife, & qui,
de fiécle en fiécle, lui ont rendu les
plus fignalés fervices? Ceux-ci, en tranf-
mettant à la poftérité des ouvrages im-

(a) La Sorbonne.
(b) Les Colléges.

mortels qui feront à jamais la gloire de
la Religion & celle de leur Inftitut ;
ceux-là, en traverfant les mers pour
aller prêcher le Royaume de Jefus-
Chrift (*a*), & pour l'illuftrer par leur
zèle, & fouvent par l'effufion de leur
fang : les uns & les autres, en édifiant
l'Eglife par le raviffant fpectacle d'une
vie fainte, réguliere & pénitente, &
en faifant monter continuellement vers
le Ciel l'encens de leur ferventes prieres (*b*). Dans ces nombreux effains de
Vierges Chrétiennes, dont les unes joignent la vie active aux vertus modeftes
des Cloîtres, fe dévouent à des fonctions également utiles à la Religion &
à la fociété, inftruifent les jeunes perfonnes confiées à leurs foins, leur inf-
pirent de bonne heure l'horreur du vice,
& impriment dans leurs tendres cœurs
ces fentimens d'honnêteté, de pudeur,
de modeftie, de piété, qui font le plus
riche ornement de leur fexe ; dont les
autres fecourent, par des attentions également empreffées & foutenues, l'humanité fouffrante ; fe prêtent aux befoins

---

(*a*) Marc, c. 16, ⁊. 20.
(*b*) Les différens Ordres Religieux.

de toutes les especes de maladies &
d'infirmités, par une compaffion toujours nouvelle qui les enflamme ; fe
livrent, malgré la délicateffe de leur
fexe, aux œuvres les plus pénibles de
la miféricorde, & mettent toute leur
gloire à s'animer d'une fainte émulation
pour perpétuer leur tendre charité ; qui
toutes enfin, conftamment appliquées
à la fublime contemplation des vérités
éternelles, favent s'élever au-deffus de
la nature & d'elles-mêmes, mettent tout
leur bonheur dans un dépouillement uni-
verfel, dans l'obéiffance la plus parfaite,
dans la continence la plus exacte, en
s'uniffant d'autant plus à Dieu, qu'elles
s'éloignent davantage de tout ce qui appartient à la terre (*a*).

Heureufe Capitale ! voilà vos fentinelles, *vos gardes*, vos furveillans ; voilà
les Anges tutélaires qui veillent fur les
murs de cette nouvelle *Jérufalem*, par leur
puiffance, par leur crédit, par leur
charité, par leurs foins, par leurs
prieres, & par les vœux ardens &
continuels qu'ils forment pour fa gloire
& pour fon bonheur. Ne craignez rien :

____

(*a*) Les Vierges Chrétiennes.

ils ne se tairont jamais, ni durant le jour, ni pendant la nuit; parce que lors même que leurs paroles ne s'entendent pas, leur exemple parle ; & que la voix, ou de leurs actions pendant le calme, ou de leur patience dans les maux, est une exhortation qui ne finit point, & qui est encore plus puissante que leurs paroles (*a*) : *Super muros tuos, Jerusalem, constitui custodes ; totâ die & totâ nocte in perpetuum non tacebunt.*

Mais, malgré toutes ces assurances, n'oubliez jamais que l'illustre Genevieve est, après Dieu, la garde principale de la ville de Paris ; que du haut de cette montagne miraculeuse, & de cette colonne précieuse où reposent ses saintes Reliques, elle a les yeux ouverts sur ses besoins, sur sa prospérité, sur sa gloire ; qu'elle est comme la Souveraine éternelle de ce grand Royaume, & que les Princes qui le gouvernent, ne font, en quelque sorte, que ses Lieutenans ; qu'elle a toujours été, après Dieu, le principal objet du culte & de la vénération des peuples qui l'habitent ; que douze siécles entiers n'ont jamais

---

(*a*) *Plus loquitur vita quàm lingua.*

pu ni diminuer, ni affoiblir fa puiffance ; que pendant que les races & les familles de nos Rois changent & fe perdent dans la fombre nuit des tems, que les enfans fuccedent à leurs peres, & fe tranfmettent les uns aux autres le Sceptre augufte de la France, on peut affurer que Genevieve le tient toujours dans fes mains pour le leur conferver, & qu'elle feule pourvoit aux befoins de nos Rois, à leur propagation, aux fuccès de leurs armes, à la fanté de leurs corps, ainfi qu'aux néceffités de l'Etat & des particuliers : & que fi S. Jean-Chryfoftome difoit autrefois que la ville de **Rome** lui paroiffoit beaucoup plus heureufe & plus illuftre, par la poffeffion des précieufes Reliques des Princes des Apôtres, Saint Pierre & Saint Paul, qu'elle renfermoit dans fes murs, que par le privilége & l'avantage qu'elle avoit d'être le Siége de l'Empire & la Maîtreffe de l'univers (a) ; nous pouvons dire avec autant de vérité, qu'encore que la ville de Paris foit la demeure de nos Rois, le premier théatre des Sciences

---

(a) Saint Jean – Chryfoftome, fur l'Epître aux Romains, Sermon 32.

& des Beaux-Arts, le précieux dépôt des richesses & la merveille du monde, toutes ces chofes néanmoins ne la rendent pas fi confidérable, fi frappante & fi belle, que le précieux & facré dépôt des offemens de Genevieve, fa protectrice & fa Patrone ; puifque c'eft à la préfence & à la force de fes cendres miraculeufes qu'elle doit fa confervation & fa grandeur, & que fes vertus, fon zèle & fes miracles l'ont conftamment foutenue, relevée & comblée de gloire : *Super muros tuos, Jerufalem, conftitui cuftodes ; totâ die & totâ noćte in perpetuum non tacebunt.*

℣. 7. *Qui reminif-cimini Domini, ne ta-ceatis, & ne detis filen-tium ei, donec ftabi-liat, & donec ponat Jerufalem laudem in terra.*

Vous qui êtes chargés de conferver, chez les autres, le fouvenir du Seigneur, ne vous taifez point : ne demeurez point en filence devant lui, jufqu'à ce qu'il rétabliffe Jérufalem, & qu'il la rende l'objet des louanges de toute la terre.

Le Seigneur ne fe contenta pas *d'éta-blir, fur les murs de Jérufalem, des gardes* & des furveillans pour fa fûreté & fon repos ; il ordonna encore à fon Prophête d'exhorter les Prêtres & les Lévites, dont l'occupation continuelle eſt *de repréſenter à Dieu les deſirs & les beſoins de ſon peuple*, de ſe joindre à ces hommes fidéles & religieux, pour ſolliciter ſa miſéricorde avec inſtance, *juſqu'à ce qu'il eût rendu Jéruſalem l'objet de la vénération & des louanges de toute la terre*.

On a vu dans des tems plus reculés, & à la naiſſance de l'Egliſe, le Seigneur, pour perpétuer le ſouvenir de ſes promeſſes, qui faiſoient toute la reſſource du genre humain, établir une ſucceſſion de Prophêtes, d'Apôtres & de Diſciples, qui n'ont ceſſé *de les annoncer jour & nuit;* & tous les Juſtes qui ont vécu d'âge en âge parmi les Fidéles, ont regardé comme un devoir indiſpenſable, & comme une commiſſion particuliere dont ils étoient ſolidairement chargés, de pouſſer ſans ceſſe, vers le Seigneur, les vœux les plus ardens, juſqu'à ce qu'il eût accompli le grand ouvrage du ſalut du monde, & qu'il eût réuni, en faveur de la ſpirituelle *Jéruſalem, les reſpects* & les hommages de toute la terre, en la convertiſſant à la foi du Médiateur,

& en la faisant entrer dans son chaste sein.

Les Prophêtes & les Apôtres ont concouru de concert à cette œuvre toute divine : mais les premiers n'ont pas eu les mêmes succès que les derniers. Dieu a permis que les Pharisiens, les Docteurs de la Loi, les Juifs charnels, toujours étrangers & opposés au véritable sens des promesses, aient rendu inutiles la prédication & le pénible ministere des Prophêtes, en détournant à leurs préjugés, que les passions injustes & terrestres avoient formés, des prédictions toutes spirituelles (*a*); au lieu que les Apôtres ont eu la consolation de jouir eux-mêmes du fruit de leurs travaux, & d'en bénir le Seigneur (*b*). Ils ont mis en dépôt, dans l'Eglise, les Ecritures-Saintes, les Sacremens, la saine Doctrine, la Foi, la Charité, l'Espérance du bonheur éternel, & toutes les richesses spirituelles qui font sa nourriture, sa force & son bonheur, sans craindre qu'aucun ennemi puisse jamais les lui enlever.

(*a*) Marc, c. 7, ℣. 3, 5, 8, 9, 13.
(*b*) Actes, c. 11, ℣. 18.

Heureuse France ! tels font les précieux tréfors qu'ont apporté ou confervé dans votre fein, les Pothin, les Irénée, les Denys, les Genevieve, les Marcel, les Germain, les Landry, les Céran, les Juigné, & cette foule d'Apôtres & d'Orateurs facrés, qui ne ceffent de vous annoncer les merveilles que Dieu a opérées en vous (*a*), pour ranimer votre foi, pour foutenir vos efforts, pour exciter votre plus jufte reconnoiffance.

Ne vous laffez donc jamais de monter fur cette montagne augufte (*b*), dont le feul afpect infpire la plus tendre piété : jetez les yeux fur cette colonne précieufe qui porte les riches dépouilles de Genevieve, & qui, plus éloquente que tous les difcours, vous enfeignera ce que vous devez croire & ce que vous devez pratiquer, ce que vous devez craindre & ce que vous devez efpérer, ce que vous devez fuir & ce que vous devez aimer.

Comme cette colonne de nuée qui defcendoit autrefois fur le tabernacle,

______

(*b*) Pfeaume 77, ℣. 3.
(*b*) Aggée, c. 1, ℣. 8.

& qui couvroit le propitiatoire ; qui fervoit d'inftruction & de guide au peuple d'Ifraël, & qui lui faifoit connoître les volontés du Seigneur : *In columna nubis loquebatur ad eos (a).* De même, fi vous glorifiez le Seigneur votre Dieu fur la fainte montagne où repofent les cendres de Genevieve, l'une de fes plus fidelles fervantes, il vous fera reffentir les effets merveilleux de fa juftice, de fa puiffance & de fa bonté, foit en vous vengeant de vos ennemis, foit en écartant les fléaux du Ciel, foit en ufant de la plus grande miféricorde envers vous & envers vos freres (b).

Elle vous apprendra, cette colonne de lumiere qui porte & qui enveloppe les Reliques de Genevieve, que fon application conftante à la priere, a été la véritable fource de toutes fes vertus, comme elle l'eft encore de celles de tous les Saints que Dieu honore de fes plus grands dons ; que cette parole fi importante du Fils de Dieu, « Il faut toujours

____

(a) Pfeaume 98, ℣. 7.
(b) Le même, ℣. 8 & 9.

» prier, & ne fe laffer jamais » (a),
n'eft pas feulement une exhortation &
un confeil ; mais un commandement
exprès, qui nous ordonne la priere continuelle, comme une chofe néceffaire
& indifpenfable, depuis que l'homme
eft tombé par le péché dans une telle
impuiffance à faire le bien, & dans un
tel engagement à faire le mal, qu'il ne
peut fubfifter un feul moment que par un
don de la miféricorde de Dieu, qu'il
n'obtient que par la priere, & par une
priere humble & perféverante, que
l'efprit de Dieu peut feul former en
nous (b) ; & que conféquemment, nous
ne devons chercher, comme notre illuftre Patrone, d'autre méthode, ni d'autres inftructions dans les vœux que nous
adreffons au Ciel, que cet inftinct intérieur & ces mouvemens violens du Saint-
Efprit en fon cœur, qui faifoient qu'elle
paffoit les journées entieres, humblement profternée devant Dieu, fans

---

(a) Luc, c. 18, ℣. 1.
(b) Premiere Epître aux Theffaloniciens,
c. 5, ℣. 7. Jean, c. 15, ℣. 5. Deuxieme
Epître aux Corinthiens, c. 3. ℣. 5. Epître
aux Romains, c. 8, ℣. 26.

parole presque & sans voix, & sans s'exprimer autrement, que par le cri de ses larmes, dont on a vu souvent la terre trempée : *In columna nubis loquebatur ad eos.*

Elle nous apprendra que l'ardeur que nous devons avoir pour la vertu, doit être toujours la même, toujours nouvelle, toujours uniforme, & toujours ennemie du moindre relâchement ; que, comme Genevieve, nous devons demeurer fermes dans l'état de vie que nous avons une fois embrassé ; que loin d'accorder du soulagement à la nature, nous ne devons penser qu'à suivre la loi de l'esprit qui combat la chair (*a*), & à augmenter toujours nos mortifications, plutôt que de les diminuer, à moins que les personnes qui ont autorité sur nous, nous ordonnent, comme à elle, d'y apporter quelque adoucissement ; qu'il est toujours à craindre de se relâcher dans ses exercices de piété ; parce que, insensiblement & par degrés, on s'expose à tomber dans les plus grands désordres ; parce que trop souvent il arrive, qu'après avoir commencé par l'esprit,

---

(*a*) Epître aux Galates, c. 5 , ℣. 17.

on finit par la chair (*a*), en se familiari-
sant avec la mort & le péché; parce que
quiconque regarde derriere soi, n'est
pas propre au Royaume de Dieu (*b*);
& que pour se l'assurer, on doit redou-
bler sa vigilance, se conserver dans une
sainte frayeur (*c*), & craindre toujours
de déchcoir de l'état où Dieu nous a
placé, & conservé par sa grace (*d*): *In
columna nubis loquebatur ad eos.*

Elle nous apprendra que, comme
Genevieve, nous devons allier la pureté
du corps avec celle de l'esprit & du cœur;
& qu'il ne nous suffira jamais d'avoir
des lampes seulement luisantes, & de
les orner au-dehors par l'éclat que la
virginité donne d'elle-même, ou par
une piété qui ne soit qu'extérieure; mais
qu'il faut encore avoir de l'huile dans
nos lampes, par un assujettissement entier
à Dieu, & par la reconnoissance du
besoin continuel que nous avons de sa

(*a*) Le même, c. 3, ℣. 3.
(*b*) Luc, c. 9, ℣. 62.
(*c*) Epître aux Ephésiens, c. 6, ℣. 5.
(*d*) Deuxieme Epître aux Thessaloniciens,
c. 1, ℣. 11.

grace

grace (*a*), ce qu'on ne peut obtenir que par l'humilité chrétienne (*b*); parce que l'humilité feule eft la gardienne de la pureté; en nous faifant connoître notre indigence, nos foibleffes, notre néant; en nous enfeignant qu'il vaut bien mieux être repris des hommes, que d'en être loué; qu'il eft plus avantageux de fouffrir leur jugement peu flateur, que de recevoir leurs vains applaudiffemens; que le pire état d'un Chrétien, eft de fe laiffer éblouir par l'éclat de fes vertus, & de fouhaiter que les autres en foient éblouis comme lui; & que le feul moyen d'éviter ce malheur, c'eft d'être grands & vertueux, humbles & chaftes, dociles & charitables, fans le favoir; de devenir d'autant plus petits à nos yeux, que Dieu nous éleve davantage; de reconnoître humblement que nous ne fommes que par lui, tout ce que nous fommes (*c*); & que fi luimême n'allumoit notre lampe, & n'en-

---

(*a*) Sageffe, c. 8, ℣. 21. Saint Auguftin, fur le Pfeaume 147.

(*b*) Deuxieme Livre des Rois, c. 6, ℣. 22.

(*c*) Premiere Épître aux Corinthiens, c. 15, ℣. 10.

E

flammoit notre charité , nous ferions dans les ténebres & dans la mort (*a*).

Que nous ferions heureux, fi, comme l'humble Genevieve , rien ne pouvoit nous faire fortir de ce généreux fenti- ment ; fi ce qui éleve les autres , ne fervoit qu'à nous rabaiffer davantage ; fi, loin de rechercher l'eftime & les louan- ges des hommes , nous ne penfions qu'à leur demeurer à jamais inconnus : enfin, fi nous devenions affez humbles pour ne plus craindre les applaudiffemens des hommes , & pour ne rechercher que l'eftime & l'approbation de Dieu ! *In columna nubis loquebatur ad eos.*

Elle nous enfeignera cette colonne éloquente & lumineufe, que fi ce vafe d'élection (*b*) , cette chafte époufe de Jefus-Chrift (*c*) , cette Vierge, dont le monde n'étoit pas digne (*d*), a été mépri- fée , calomniée , perfécutée ; nous de- vons adorer Dieu , comme elle & avec elle , dans ces états fi humilians ; bénir en fecret ceux qui nous maudiffent publi-

---

(*a*) Pfeaume 106, ℣. 10.
(*b*) Actes, c. 9, ℣. 15.
(*c*) Deuxieme Épître aux Corinthiens, c. 11, ℣. 2.
(*d*) Épître aux Hébreux, c. 11, ℣. 38.

quement (*a*) ; nous offrir à Dieu comme des victimes volontaires pour le salut de ceux qui nous persécutent, & devenir enfin par nos prieres, s'il plaît au Seigneur de les exaucer, le canal de ses graces & de ses miséricordes sur ceux qui nous haïssent & nous oppriment (*b*).

Elle nous convaincra que Dieu fait allier dans ses plus fideles serviteurs, les plus grandes vertus avec les plus grandes souffrances, & les plus noires calomnies avec la plus grande innocence ; qu'ils ne doivent pas s'étonner lorsque Dieu les fait passer par ces rudes épreuves ; que tout ce qu'ils doivent appréhender dans ces rencontres, à l'exemple de Genevieve, c'est de craindre les hommes plus que Dieu, & de rompre la paix qu'ils ont avec lui ; qu'ils doivent s'effrayer peu, & d'une maniere toujours sage, discrete & prudente, de la guerre opiniâtre que leur font les hommes, puisqu'elle leur fournit l'occasion de témoigner de plus en plus leur fidélité envers Dieu, & de les rendre semblables à celui qui, por-

______

(*a*) Luc, c. 6, ℣. 28.
(*b*) Matthieu, c. 5, ℣. 44.

tant nos péchés en son corps sur la croix, n'a rien répondu quand on le chargeoit d'injures, & n'a fait aucune menace quand on le maltraitoit ; mais qui s'est livré, sans aucune résistance, entre les mains de ceux qui le condamnoient injustement, laissant à Dieu le soin de lui rendre justice (*a*). *In columna nubis loquebatur ad eos.*

Elle nous apprendra que ce doit être principalement pour la guérison de nos ames, que nous devons recourir à la puissante Genevieve, & que c'est - là ce qu'elle souhaite davantage ; que nous devrions rougir d'employer seulement aux besoins du corps, comme nous le faisons tous les jours, cette grande puissance que Dieu a mise entre ses mains ; que c'est prendre le nom de Dieu en vain (*b*), que de l'invoquer pour si peu de chose, & que les Saints, qui ont si fort méprisé la terre, ne sauroient trouver bon qu'on implorât leur secours pour des choses purement terrestres : que comme Dieu ne nous afflige dans

______

(*a*) Premiere Epître de Saint Pierre, c. 2, ℣. 23, 24.

(*b*) Exode, c. 20, ℣. 7.

nos corps & dans nos biens, que pour réveiller en nous l'esprit de pénitence & de piété, aussi ne veut-il nous délivrer de tous ces maux extérieurs, que pour préparer par ce moyen, ou pour achever notre conversion ; & qu'il ne nous servira de rien d'invoquer les Saints, de porter leurs châsses, de présenter des offrandes sur leur tombeau, de marquer le plus grand zèle pour leurs dépouilles sacrées, si nous ne quittons en même-tems, & si nous n'enseveliss-fons nos vices & nos concupiscences dans leurs sépulcres (*a*). *In columna nubis loquebatur ad eos.*

Elle nous apprendra que la vraie maniere d'honorer les serviteurs & les amis de Dieu (*b*), consiste toute entiere à imiter leurs vertus, & à nous former sur ces grands modeles (*c*) ; que c'est les déshonorer que de borner nos hommages à un culte purement extérieur, & à certaines pratiques de piété, qui ne gênent en rien nos passions ; de ne recourir à leur puissante intercession,

(*a*) Epître aux Galates, c. 5, ⅴ. 24.
(*b*) Jean, c. 15, ⅴ. 14, 15.
(*c*) Epître aux Hébreux, c. 13, ⅴ. 7.

que lorſqu'il s'agit d'en obtenir des faveurs temporelles, la délivrance d'un péril qui nous alarme, d'une infirmité qui nous accable, d'un chagrin qui nous mine & nous deſſeche : tandis que nous ſommes muets & indifférens ſur les beſoins de l'ame ; que nous craignons de demander la délivrance d'une paſſion qui nous tyranniſe, d'une inimitié qui nous ronge, d'un endurciſſement mortel qui nous calme ſur tout, de mille dangers où nous n'avons que trop ſouvent échoués, d'un naturel facile & gliſſant qui nous rend le ſalut ſi difficile ! *In columna nubis loquebatur ad eos.*

Elle nous convaincra que ce n'eſt pas le crédit de Genevieve qui diminue, & qu'elle eſt encore pour nous, après douze ſiecles, ce qu'elle a été pendant ſa vie ; mais que c'eſt ſeulement l'incrédulité des Fideles qui augmente ; que Dieu eſt toujours le pere des miſéricordes (*a*), & toujours prêt à exaucer nos vœux, lorſqu'ils lui ſont préſentés par les citoyens de la Jéruſalem céleſte (*b*) ; mais

---

(*a*) Deuxieme Epître aux Corinthiens, c. 1, ℣. 3.

(*b*) Epître aux Ephéſiens, c. 2, ℣. 19.

qu'il faut pour cela que nos vœux foient dignes de lui , & affez purs pour monter en odeur de fuavité jufqu'au pied de fon Trône (*a*) : or, jugeons-nous nous-mêmes, & examinons férieufement quel a été jufqu'ici l'objet de nos prieres & de nos fupplications. Nous invoquons les Saints dans nos afflictions , il eft vrai ; mais nous n'attendons d'eux que des confolations toutes terreftres , le fuccès d'une affaire , la régularité d'une faifon, la vie d'une perfonne chere, la bienveillance d'un Grand, l'élévation d'une famille : du moment que la main de Dieu nous frappe , nous courons à leurs autels pour obtenir la fin ou l'adouciffement de nos peines : le dirai-je , fouvent même nous ne rougiffons pas de les faire fervir à nos iniquités (*b*) ; de les intéreffer dans nos foibleffes ; de les rendre protecteurs d'un defir qui leur déplaît, d'une efpérance qui les déshonore , d'un attachement qui les bleffe ! On diroit prefque que notre culte eft impie & criminel , ou tout au moins purement terreftre & matériel, & que

------

(*a*) Le même, c. 5, ℣. 2.
(*b*) Ifaïe, c. 43, ℣. 24.

E iv

nous sommes encore à ignorer que la
seule maniere de nous le rendre saint
& utile, c'est de suivre les traces que
les Saints nous ont frayées dans les voies
de la justice, & qui seules peuvent nous
conduire au bonheur immortel, dont ils
jouissent. *In columna nubis loquebatur ad
eos.*

Cette colonne, ces Reliques, ces cendres miraculeuses, & ce temple auguste
qui les renferme, nous apprendront que
si Genevieve a été la gloire de Jérusalem, la joie d'Israël, & l'honneur
de son peuple, comme l'immortelle
Judith (*a*) ; que si le monde entier a été
édifié de ses exemples ; que si elle a fait
la gloire de l'Eglise pendant sa vie &
après sa mort ; c'est qu'elle a pratiqué,
dans le degré le plus éminent, toutes
les vertus Chrétiennes.

Ils apprendront à la France entiere,
ce vrai Israël chéri de Dieu (*b*), que si
elle a fait sa joie, pendant les jours de
sa mortalité, en lui donnant le conso-
lant spectacle de ses vertus ; & si elle
la fait encore dans les jours de sa gloire

(*a*) Judith, c. 15, ℣. 10.
(*b*) Epître aux Galates, c. 6, ℣. 7.

par les fruits précieux & abondans qu'elle lui fait tirer de sa puissante protection ; que si elle est encore l'honneur du peuple de Paris devant Dieu, devant les Anges & devant les hommes (*a*) ; c'est que sa lampe toujours allumée, toujours brillante, toujours remplie de l'huile de l'amour divin, a été une lampe de feu & de flamme (*b*) ; c'est que les grandes eaux de la tentation, des épreuves, des maladies, des persécutions, n'ont jamais pu éteindre son ardente charité (*c*) ; c'est que son application constante à la priere, sa ferveur persévérante, sa pureté angélique, son humilité profonde & sa parfaite soumission aux ordres de Dieu, l'ont rendue agréable à son divin Epoux, & peuvent seules nous rendre dignes de lui. *In columna nubis loquebatur ad eos.*

Si nous nous trouvons dans ces heureuses dispositions, nous pouvons nous adresser à l'illustre Genevieve ; & nous sommes sûrs d'obtenir par sa puissante

---

(*a*) Premiere Epître aux Corinthiens, c. 4, ℣. 9.
(*b*) Jean, c. 5, ℣. 35.
(*c*) Cantique des Cantiques, c. 8, ℣. 6, &c.

médiation tout ce que nous lui deman-
derons dans l'ordre de Dieu & du salut:
Petite & accipietis (*a*).

Nous reconnoissons, Seigneur, que
c'est de vous seul que descendent tous
les dons parfaits (*b*), & que nul autre
que vous ne peut les répandre sur la
terre (*c*); mais nous n'ignorons pas aussi
que vous êtes toujours admirable dans
vos Saints (*d*), & que sans déroger à
votre souveraine puissance, vous accor-
dez tout à leur puissante protection.

Nous réclamons aujourd'hui celle de
l'illustre Genevieve pour tous les habitans de cette Capitale, dont elle est
l'auguste Patrone, & pour tous les François, dont elle est la généreuse protectrice.
Nous desirons qu'en l'invoquant dans
nos besoins, elle nous obtienne la grace
de l'imiter dans toute la conduite de sa
vie, dans son ardeur pour la priere,
dans sa foi, dans son espérance, dans
son tendre amour pour vous, dans sa
fidélité à suivre vos divines inspirations,

(*a*) Jean, c. 16, ℣. 23, 24, 26.
(*b*) Epitre de Saint Jacques, c. 1, ℣. 17.
(*c*) Epître aux Ephésiens, c. 4, ℣. 8.
(*d*) Pseaume 67, ℣. 36.

dans la pratique de toutes les vertus qui nous font néceffaires pour vivre & pour mourir en véritables Chrétiens ; & qu'elle vous demande pour nous une foi lumineufe, une patience invincible, une humilité profonde, une chafteté inviolable, une charité toute divine, une victoire entiere fur nos ennemis vifibles & invifibles, & la délivrance de tous les maux que nos crimes ont mérités : *Petite & accipietis.*

Nous vous conjurons, Seigneur, de répandre fur cette Ville immenfe qui lui a donné la naiffance, fon efprit, fon zèle, fes mœurs, fa vigilance ; de l'animer de fon courage ; de l'éclairer par un zèle fage, prudent & difcret ; de la réchauffer par cette charité vive & ardente qui fut toujours l'ame & le principe des actions de Genevieve, qui ne lui fit chercher en toutes chofes que votre gloire & le falut du prochain (*a*), & avec laquelle, s'élevant au-deffus de fon fexe, elle a converti les Rois, chaffé les tyrans, diffipé les armées, & con-

---

(*a*) Premiere Epître aux Corinthiens, c. 16, ℣. 14.

fondu toutes les puissances de l'enfer : *Petite & accipietis.*

Nous vous demandons, qu'à l'exemple de cette illustre Vierge, & par son intercession, nous puissions travailler efficacement à dégager nos cœurs de toutes les affections de la terre, à ne chercher & à ne goûter déformais que les choses du Ciel (*a*) ; afin que, satisfaits également, en cette vie, des afflictions & des prospérités, de la censure & des louanges du monde, nous soyons toujours disposés, non-seulement à attendre & à souffrir les maux les plus accablans, & la mort même avec une humble patience ; mais encore à les recevoir avec des sentimens de reconnoissance & de joie. — Et si nous vous demandons encore de donner à la terre une heureuse fécondité, de nous rendre ou de nous conserver la santé de nos corps, d'écarter les orages, de commander à l'impétuosité des eaux (*b*), d'arrêter la fureur de nos ennemis, de rendre à l'Europe entiere une liberté & une paix justement méritées, & de

____

(*a*) Epître aux Colossiens, c. 3, ℣. 2.
(*b*) Matthieu, c. 8, ℣. 26.

détourner, à la priere de votre humble
& fidelle servante, tous les fléaux qui
nous menacent, & toutes les calamités
que nos péchés attirent continuellement
sur nos têtes criminelles (*a*), c'est uniquement pour chercher & pour trouver
dans vos graces & dans vos bienfaits, un
sujet de vous bénir, & un moyen de vous
servir avec plus de facilité; ou s'il faut ab-
solument que nous soyons punis pour nos
forfaits, faites, Seigneur, qu'une nouvelle
grace nous rende vos châtimens utiles
& nécessaires (*b*). *Petite & accipietis.*

Enfin, Seigneur, nous vous prions
de donner à l'auguste Monarque qui
nous gouverne, l'intelligence, l'équité,
le discernement, & la profonde sagesse que vous demandoit autrefois le
plus grand Roi d'Israël (*c*), & qu'il
vient souvent lui-même vous demander
aux pieds des autels, par l'entremise
de notre Sainte.

Conservez sa Personne sacrée & toute
la Maison Royale; que son Empire soit
toujours jaloux du titre glorieux de

(*a*) Pseaume 31, ℣. 10.
(*b*) Epître aux Hébreux, c. 12, ℣. 6.
(*c*) Sagesse, c. 9, ℣. 4.

Très - Chrétien , que lui a mérité la piété de ses Souverains ; que sa Ville capitale , toujours chere à Genevieve , soit toujours l'exemple & le modele du monde entier par ses vertus , comme elle en est la gloire & le centre par son opulence , par ses lumieres , par ses alliances.

Enfin, que le Peuple François , & ses dignes Chefs, *chargés , par état , de con-ſerver , parmi leurs citoyens , le ſouvenir du Seigneur* & de ses bienfaits ſur cette nouvelle *Jéruſalem , ne ſe taiſent jamais , & ne demeurent point en ſilence , juſqu'à ce que vous ayez rendu* cette illuſtre Capitale , *l'objet de la vénération & des louanges de toute la terre : Qui reminiſ-cimini Domini , ne taceatis , & ne detis ſilentium ei , donec ſtabiliat , & donec ponat Jeruſalem laudem in terrâ.*

F I N.

APPROBATION.

Jᴀɪ lu par ordre de Monseigneur le Garde des Sceaux, un Manuscrit intitulé : *Eloge Historique & Moral de Sainte Genevieve*, &c. ; & je n'y ai rien lu qui puisse en empêcher l'impression. À Paris, ce premier Février 1783.

Signé, BOUILLEROT,
Curé de Saint Gervais.